Hans Hahlbaum
Irmgard Maria Hahlbaum
Natália Dourado von Rahden

Vamos lá

Grundkurs Portugiesisch

Lehrerheft

Max Hueber Verlag

Das Werk und seine Teile sind urheberrechtlich geschützt.
Jede Verwertung in anderen als den gesetzlich zugelassenen Fällen bedarf deshalb
der vorherigen schriftlichen Einwilligung des Verlages.

5.	4.	3.			Die letzten Ziffern
2005	04	03	02	01	bezeichnen Zahl und Jahr des Druckes.

Alle Drucke dieser Auflage können, da unverändert, nebeneinander benutzt werden.
1. Auflage
© 1990 Max Hueber Verlag, D-85737 Ismaning
Satz: Kurt Schindler, Bild- und Textverarbeitung, München
Druck: MB Verlagsdruck, Schrobenhausen
Printed in Germany
ISBN 3-19-035155-4

INHALT

Einführung 4
   1. Allgemeiner Teil 4
   1.1. Adressaten und Lernziele 4
   1.2. Die Teile des Lehrwerks 4
   1.3. Die Zusammenarbeit mit den Kursteilnehmern 8
   2. Lektionsbezogener Teil 9
   2.1. Unterrichtspraktische Hinweise 9
Unidade 1 18
Unidade 2 24
Unidade 3 29
Unidade 4 32
Unidade 5 36
Unidade 6 40
Unidade 7 43
Unidade 8 48
Unidade 9 52
Unidade 10 56
Unidade 11 60
Anhang
   Lösungen der Strukturübungen 67

   Originalfassung der Texte *A propósito do
   centenário de Fernando Pessoa* und *Ricardo Dorilèo,
   um cantor e compositor brasileiro* 74

   Literaturhinweise 78

EINFÜHRUNG

1. Allgemeiner Teil
1.1. Adressaten und Lernziele

Das Lehrwerk „Vamos lá" richtet sich an Erwachsene (auch junge), die bisher über keine Vorkenntnisse in der portugiesischen Sprache verfügen. Wenn auch die Entwicklung und erste Erprobung des Lehrbuchs im Rahmen der Volkshochschule Hamburg erfolgte, halten wir einen Einsatz auch im Bereich der Universität und in der Oberstufe der allgemeinbildenden Schulen für angemessen.

„Vamos lá" zielt u. a. auf die Vermittlung kommunikativer Fertigkeiten (Hören, Sprechen, Lesen und Schreiben). Dem Hören wird besondere Bedeutung beigemessen, weil didaktische Untersuchungen die Wichtigkeit dieser Fertigkeit gezeigt haben. Mit ca. 50 %[1] hat es einen bedeutenden Anteil an der gesamten Sprachverwendung und ein gutes Hörverständnis fördert auch immer die phonetisch korrekte Aussprache und die Kommunikationsfähigkeit.

Beim Sprechen liegt das Ziel darin, den Lerner zu befähigen:
– Alltagssituationen sprachlich angemessen zu bewältigen und
– Gesprächen über Themen seines Erfahrungsbereiches zu folgen und sich daran zu beteiligen.

Die Fertigkeiten Lesen und Schreiben werden dahingehend entwickelt, die Teilnehmer in die Lage zu versetzen, sich über alltägliche Situationen zu informieren, kurze schriftliche Texte zu verfassen etc. Kurze literarische Texte wurden mit aufgenommen, um die unterschiedlichen Sprachregister vorzustellen, einen Zugang zur portugiesischen Literatur zu eröffnen und landeskundliche Aspekte zu vertiefen.

Dieser kommunikative Ansatz, zusammen mit der Vermittlung eines soliden grammatischen Grundgerüstes, bietet auch dem Lerner, der Portugiesisch zu Studien- und Berufszwecken erlernt, eine Basis für die weitere vertiefte Arbeit.

1.2. Die Teile des Lehrwerkes, ihre Konzeption und Funktion

Das Lehrwerk „Vamos lá" besteht aus:
– dem Lehrbuch (Hueber-Nr. 5155)
– der dazugehörigen Cassette (Hueber-Nr. 1.5155)

Wir haben auf ein spezielles Arbeitsbuch verzichtet, da das Lehrbuch vielfältige Übungen (*Actividades*) enthält (s. 1.3. und 2.1.2.). Außerdem bietet das Lehrerheft eine Fülle zusätzlicher Hinweise auf Sprachspiele und Übungen unterschiedlicher Art.

1.2.1. Das Lehrbuch
– 11 didaktische Einheiten (*Unidades*), die aus zwei Teilen bestehen:

1. Die Einführung und Einübung des sprachlichen Materials.

Sie geschieht mit Hilfe von Minidialogen über Alltagssituationen und Kurztexten, die durch
– Symbol und
– arabische Numerierung (1–8 höchstens)
zu erkennen sind.

Zu diesen Texten gehören *Actividades*, die mit dem Symbol *Actividade* gekennzeichnet und lektionsweise durchnumeriert sind.

Dieser erste Teil dient der Einführung und Einübung des sprachlichen Materials, das die Teilnehmer benötigen, um in Alltagssituationen zurechtzukommen. Dies bedeutet, daß alle neuen linguistischen Mittel (Vokabeln, Grammatik, Phonetik, Intonation, Gestik und Mimik) anhand dieser Situationen erworben und angewendet werden sollten. Deshalb sind die *Actividades* in diesem Teil immer mehr oder weniger gelenkt und so oft wie möglich in eine kommunikative Situation eingebettet.

2. Die freie Anwendung des sprachlichen Materials.

Dieser zweite Teil besteht aus längeren, komplexeren authentischen Hör- und Lesetexten, die mit dem Ziel bearbeitet werden sollen, das

---

[1] Nach Rankin zitiert nach ZAWADZKA, E. (1981): Zu einigen methodischen Problemen des verstehenden Hörens im Fremdsprachenunterricht in: Kwartalnik Neofilologiczny XXVIII (2), S. 225–235.

Globalverständnis zu entwickeln. Sie bieten die Gelegenheit, die erworbenen sprachlichen Mittel in einem neuen Kontext frei einzusetzen.

Des weiteren umfaßt das Lehrbuch:

– lektionsbegleitende Grammatik und einige systematische Übersichten
– lektionsbegleitendes Vokabular und
– eine alphabetische Wortliste.

Ausgehend von einem Lernjahr mit 26/30 Doppelstunden, bei einer Doppelstunde pro Woche, können im 1. Jahr die *Unidades 1–6*, im 2. Jahr die *Unidades 7–10* erarbeitet werden. Damit ergibt sich als Orientierungswert eine Lernzeit von ca. 2 1/2 Jahren (5 Semester), um das Lehrbuch abzuschließen. Pro *Unidade* werden 5–6 Abende mit 1 Doppelstunde veranschlagt. Selbstverständlich können diese Richtwerte je nach Kurssituation unter- oder überschritten werden.

Die Unidades

Minidialoge und Kurztexte

Dem Lehrwerk „Vamos lá" liegt ein thematisch-situativer Ansatz zugrunde. In kurzen dialogischen Texten (sog. Minidialoge) und Kurztexten wird das sprachliche Material eingeführt. Dabei wird eine Sprechintention nicht in einem Dialog erschöpfend behandelt, sondern in späteren Minidialogen oder *Unidades* wieder aufgegriffen und erweitert. Der Lerner schreitet somit von Äußerungen auf einfachem sprachlichen Niveau zur Verwendung von komplexen sprachlichen Ausdrucksmitteln voran.

Die Strukturkästchen

Die Strukturkästchen, die sich an den Dialog anschließen, dienen zur Verdeutlichung, Strukturierung und gelegentlich auch Erweiterung der Sprechintentionen.

Die Actividades

Für die Übungen einer *Unidade* wurde mit Absicht die Bezeichnung *Actividade* gewählt, da hier die Kursteilnehmer (KT) aktiv werden sollen. Denn nur indem sie versuchen, die in den Minidialogen vorgestellten Strukturen anzuwenden, lernen sie sie einzusetzen.

Unter *Actividade* werden unterschiedliche kommunikative Übungstypen zusammengefaßt:

– Übungen, die zur Einübung, Anwendung und Festigung der neuen Strukturen dienen. Sie sind stärker gelenkt.
– Übungen zur Wiederholung und Kontrolle.
– Transferübungen, bei denen die KT die eingeübten Strukturen auf eine neue Situation übertragen sollen. Dabei können sie die sprachlichen Mittel freier bzw. völlig frei einsetzen.

Die Hör- und Lesetexte

Vielfältige Funktionen übernehmen die Hör- und Lesetexte. Neben der Förderung der Hör- und Lesefähigkeit dienen sie dazu, in den Minidialogen angesprochene Aspekte zu vertiefen und um landeskundliche Informationen zu erweitern. Sie enthalten das Vokabular und die Strukturen der *Unidade*, jedoch in anderem Kontext.

Zusätzlich kommt eine Fülle neuer Worte hinzu, die aber keineswegs alle gelernt werden müssen. In ihrer Funktion unterscheiden sie sich eindeutig von den Minidialogen. Während es bei diesen notwendig ist, daß die KT sie vollständig verstehen und die Strukturen anwenden können, besteht das Ziel der Hör- und Lesetexte nur im Globalverständnis (dies zeigt sich auch in den *Actividades* zu ihrer Erarbeitung). Wir haben uns bemüht, in jeder *Unidade* einen Hörtext zu integrieren. Dieser ist jeweils zur obligatorischen Erarbeitung vorgesehen. Bei einigen Lektionseinheiten schließt sich ein zweiter oder dritter Text an, der als fakultatives Zusatzangebot zu betrachten ist. Die Texte sind mit dem Buchstaben „T" gekennzeichnet.

Der Teil der Hör- und Lesetexte schließt jedesmal mit einer freien *Actividade*, die den Teilnehmern die Möglichkeit bietet, ihre persönliche Meinung zu äußern. Einen Überblick über die Anzahl der unbekannten Vokabeln je Text vermittelt die nachfolgende Abb. 1.

Wörter in „T"-Texten in Vamos-lá

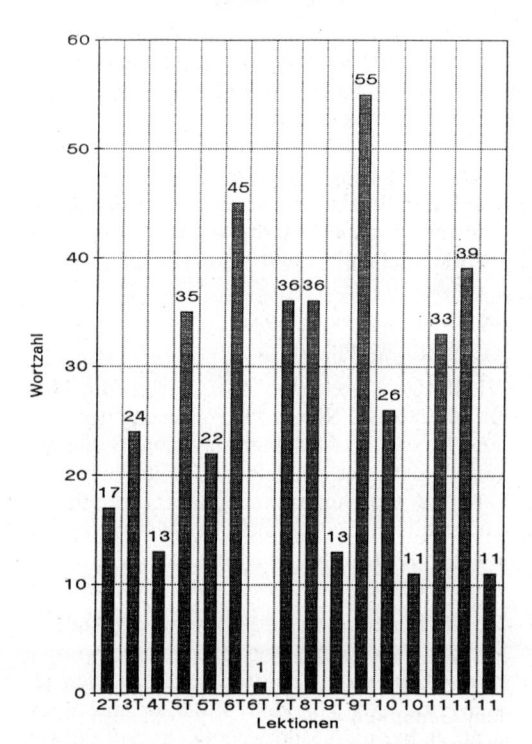

[Balkendiagramm: Wortzahl pro Lektion – 2T: 17, 3T: 24, 4T: 13, 5T: 35, 5T: 22, 6T: 45, 6T: 1, 7T: 36, 8T: 36, 9T: 13, 9T: 55, 10: 26, 10: 33, 11: 11, 11: 39, 11: 11]

Der Reiz dieser Materialien liegt in ihrer Authentizität und der Fülle darin enthaltener landeskundlicher Informationen. Die Texte geben dem KT einen Eindruck von längeren Gesprächen, portugiesischen Zeitungstexten, etc.. Je nach Aufnahmefähigkeit eines Kurses können die fakultativen Materialien, z. B. zweiter Text *Unidade* 9, wegen ihres Schwierigkeitsgrades auch zu einem späteren Zeitpunkt bearbeitet werden.

Das Bildmaterial
Dem Bildmaterial (Bilder, Realien und Zeichnungen) kommen vielfältige Aufgaben im Rahmen des Lehrbuches zu. Es eignet sich:
– den situativen Kontext zu visualisieren,
– Sprechintentionen zu verdeutlichen
– Vokabular und Redemittel zu erschließen bzw. zu festigen
– landeskundliche Eindrücke und Details zu vermitteln
– als Stimulus, um grammatische Strukturen zu üben
– und schließlich dient es auch durch seine gelegentlichen humoresken Züge zur Auflockerung.

Die Grammatik
Die grammatischen Strukturen werden durch eine lektionsbegleitende Systematisierung im Anhang des Buches verdeutlicht. Durch diesen Aufbau ergibt sich eine spiralförmige Struktur, d.h. die grammatischen Kenntnisse werden von Lektion zu Lektion ergänzt und erweitert. Außerdem wurde nach dem Prinzip der Kontextgrammatik verfahren, d.h. der Lerner kann die Regelhaftigkeit der grammatischen Strukturen weitgehend aus den gegebenen Beispielen ableiten. Es gibt nur kurze Erklärungen in deutscher Sprache. Diese Form wurde gewählt, um KT, die nicht mit der Fachterminologie vertraut sind, einen Zugang zur Grammatik zu ermöglichen. Die Erläuterungen wurden in deutscher Sprache abgefaßt, damit die KT zu Hause nachschlagen und lernen können.

Das Vokabular
Das Vokabular wurde unter dem Aspekt seiner Verwendbarkeit in Alltagssituationen ausgewählt. Es umfaßt ca. 1600 Wörter (bei Doppelnennungen), von denen 1100 aktiv beherrscht werden sollten. Die Hör- und Lesetexte enthalten 400 Wörter, von denen ebenfalls ein Teil aktiviert werden sollte. Die nachfolgende Übersicht zeigt, daß alle Wortarten ihrer Häufigkeit nach angemessen berücksichtigt wurden (Abb. 2). Der Anteil der neuen Wörter je *Unidade* in bezug auf das Gesamtvokabular nimmt konstant zu (von 3,3 % in *Unidade* 1 bis 13,5 % in *Unidade* 10, vgl. Abb. 3). Bei der Anlage des Vokabulars wurden lerntheoretische Erkenntnisse dahingehend berücksichtigt, daß die Wörter überwiegend

im Zusammenhang dargeboten werden. Dies steigert die Behaltensleistung. Das Vokabular ist auf die Lektionen abgestimmt, es werden nur die im Text vorkommenden Bedeutungen genannt.

Aufteilung nach Wortarten
(tw. mit Doppelnennungen)

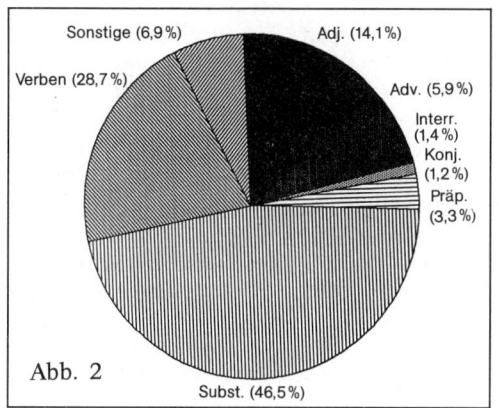

Abb. 2

Sonstige (6,9%), Verben (28,7%), Adj. (14,1%), Adv. (5,9%), Interr. (1,4%), Konj. (1,2%), Präp. (3,3%), Subst. (46,5%)

Anteil Wörter/Unidade am Gesamtwerk
in Prozent ausgedrückt

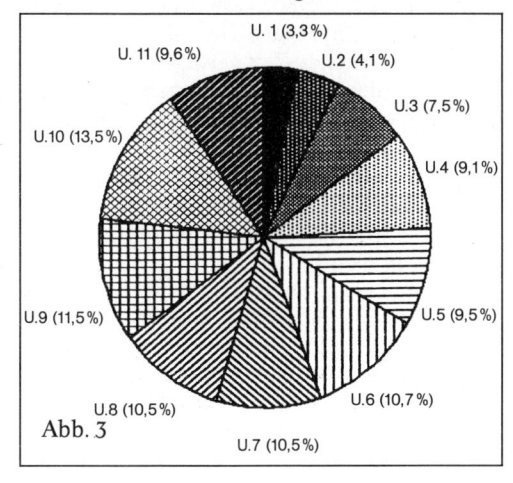

U. 1 (3,3%), U. 11 (9,6%), U.2 (4,1%), U.3 (7,5%), U.10 (13,5%), U.4 (9,1%), U.9 (11,5%), U.5 (9,5%), U.8 (10,5%), U.6 (10,7%), U.7 (10,5%)

Abb. 3

1.2.2. Das Hörmaterial

Die Cassette zu „Vamos lá" wurde von verschiedenen portugiesischen Muttersprachlern unterschiedlicher Stimmlage und Intonation in normalem Sprechtempo besprochen.

Wir nehmen damit bewußt in Kauf, daß viele Texte nicht schon beim ersten Anhören verstanden werden, sondern mehrfach gehört und intensiv erarbeitet werden müssen, bis das gewünschte Detail- oder Globalverständnis erzielt wird. Verschiedene Versuche mit deutlich reduzierter Sprechgeschwindigkeit haben ergeben, daß Intonation und andere Wesensmerkmale der portugiesischen Sprache in nicht mehr vertretbarer Weise verfälscht werden, so daß wir uns trotz der bekannten Gegenargumente für das natürliche Sprechtempo entschieden haben. Um das Verständnis nicht zusätzlich zu erschweren, haben wir allerdings auf eine hörspielartige Aufbereitung der Tonaufnahmen mit Hintergrundgeräuschen, etc. verzichtet. (Ausführlichere Informationen und Anregungen zum Kapitel „Training des Hörverstehens" finden Sie auf S. 11)

Die Cassette enthält
– die Minidialoge
– einige Hörverständnisübungen (im Lehrbuch mit Symbol [◉◉] gekennzeichnet) und
– die Hörverstehenstexte.

1.2.3. Das Lehrerheft

Die Konzeption des Lehrerheftes wurde von dem Gedanken geleitet, den Kursleitern (KL) konkrete Hilfen anzubieten. Dies erscheint um so wichtiger, als „Vamos lá" ohne Arbeitsbuch auskommt.

Wir haben deshalb auf längere theoretische Ausführungen zugunsten von konkreten praktischen Hilfen und Übungsmaterialien verzichtet. Entsprechend bietet das Lehrerheft neben allgemeinen Angaben zur Zielsetzung des Lehrwerkes unterrichtspraktische Hinweise und einen ausführlichen lektionsbezogenen Teil. Dieser enthält:
– einen Überblick über die Sprechintentionen und Strukturen der einzelnen *Unidades*,
– Hinweise auf Tonmaterialien und Grammatik,
– Vorschläge für das methodische Vorgehen,
– zusätzliche Vorschläge zur Einübung und

Vertiefung, u.a. schriftliche Übungen und Spiele,
- landeskundliche Informationen und Erklärungen.

1.3. Die Zusammenarbeit mit den Kursteilnehmern

Für die überwiegende Zahl der Teilnehmer in VHS Kursen liegen ihre Schul- und Lernerfahrungen viele Jahre zurück. Manche lernen zum erstenmal eine Fremdsprache. Diese Situation, aber auch die Tatsache, daß es sich um erwachsene Lerner handelt, verlangt vom KL viel Behutsamkeit, aber auch Konsequenz. Bei Abendkursen bedenken Sie immer, daß ihre KT meist schon einen Arbeitstag von 8-10 Stunden hinter sich haben und entsprechend abgespannt und müde in Ihre Kurse kommen. Diese Situation, zusammen mit der häufig großen Heterogenität der Kurse, verlangt besondere didaktisch-methodische Vorgehensweisen, z.B.
- kleinschrittiges Vorgehen,
- attraktive und methodisch abwechslungsreiche Unterrichtsgestaltung,
- Anordnung der Tische, die die Kommunikation fördert,
- partnerschaftliche Lernformen,
- Änderung bzw. Auflösung der Sitzordnung.

Geben Sie die Möglichkeit, daß sich die KT untereinander kennenlernen und fördern Sie den Kontakt der KT außerhalb der Kurse. Regen Sie an, daß sich die Teilnehmer zu Hause anrufen, in der Fremdsprache begrüßen, evtl. gemeinsam lernen usw..

Weiterhin ist es wichtig, den KT zu erklären, aus welchen Bestandteilen ihr Buch besteht, welchen Zweck sie erfüllen und u.a. wie die Teilnehmer zu Hause lernen können. Die Frage, ob Hausaufgaben gemacht werden sollen, muß von Kurs zu Kurs und je nach der Situation entschieden werden (sie dürfen nie zwingend verlangt werden). Man sollte jedoch den KT Hilfestellungen für das häusliche Lernen geben. Dies auch u.a. deshalb, weil viele KT berufsbedingt immer wieder Sitzungen versäumen.

Mögliche Hinweise für die Arbeit der KT zu Hause (siehe hierzu auch das Vorwort zum Lehrbuch):
- die Teilnehmer sollten versuchen, die Rollen in den Minidialogen zu Hause nachzuspielen (evtl. zu zweit oder mit Hilfe der Cassette),
- generell ist es erstrebenswert, daß die KT sich die Cassette zu „Vamos lá" besorgen, um die Texte nochmals hören und nachsprechen zu können (dank der Erfindung des Walkman läßt sich das auch problemlos in der U-Bahn oder bei der Hausarbeit machen),
- dann sollten sie die unbekannten Vokabeln nachschlagen und lernen,
- viele der *Activadades*, die im Unterricht mündlich erarbeitet wurden, können zu Hause schriftlich festgehalten werden
- die Lesetexte sollten zu Hause laut gelesen, die Hörtexte (*Compreensão auditiva*) nochmals gehört werden.

Für das Vokabellernen gilt: lieber häufiger und kürzer, als seltener und länger. Dabei ist nicht an ein stures Pauken früherer Zeiten gedacht, sondern die KT sollten sich die Wörter im Kontext einprägen. Die Teilnehmer, die über entsprechende Zeit verfügen, können angeregt werden, eine Lernkartei anzulegen. Diese eignet sich besonders für das Vokabular der Hör- und Lesetexte. Die kleinen Zettel kann man problemlos bei einem Spaziergang oder in der U-Bahn in der Jackentasche mitnehmen und sich zwischendurch einen Ausdruck einprägen.

Der KL findet im Lehrerheft außerdem einige Übungen bzw. Hinweise auf Transferaufgaben, die sich auch als Hausaufgabe (vermeiden Sie dieses Wort im Unterricht, da es bei den KT häufig negative Erinnerungen hervorruft) eignen. Das Bildmaterial des Lehrbuches bzw. zusätzliche vom Lehrer eingesetzte Bilder können zu Hause schriftlich oder mündlich versprachlicht werden.

Betonen Sie jedoch, daß die häusliche Arbeit dazu dienen soll, bereits behandelte Strukturen und Vokabular zu festigen und zu üben. Keinesfalls sollen die KT im Stoff voranschreiten, da sonst das Hörverstehen nicht gelernt wird, wenn die Teilnehmer die Texte schon kennen. Regen Sie an, daß die Teilnehmer ihre Telefonnummern untereinander austauschen, um sich erkundigen zu können, falls sie eine Unterrichtsstunde versäumt haben.

Noch ein Wort zur Konsequenz: Dieses Lehrwerk wurde für einen kommunikativen, interaktiven Sprachunterricht erarbeitet. Viele KT kennen aus ihrer eigenen Lernerfahrung einen von Grammatik dominierten Fremdsprachenunterricht und tun sich mit der neuen Konzeption entsprechend schwer. Hier ist sicherlich Einfühlungsvermögen gefordert, aber achten Sie darauf, daß Sie Ihren KT nicht zu sehr entgegenkommen, sonst überraschen Sie sich eines Tages dabei, daß Sie nur noch schriftliche Grammatikübungen machen.

Evtl. erläutern Sie kurz in einem Gespräch mit den KT Ihr Konzept und weisen sie darauf hin, daß sich die Methoden in der Sprachvermittlung in den letzten Jahren deutlich geändert haben.

2. Lektionsbezogener Teil
2.1. Unterrichtspraktische Hinweise

Dem Lehrwerk „Vamos lá" liegt das Konzept eines kommunikativen, fertigkeitsorientierten Sprachunterrichts zugrunde. Wir möchten dem Reisenden das notwendige Rüstzeug vermitteln, um sich in Alltagssituationen angemessen ausdrücken zu können. Daher werden die Fertigkeiten Hören und Sprechen weit stärker geschult, als Lesen und Schreiben.

2.1.1. Die Planung einer Unterrichtsstunde

Für die Planung der einzelnen Unterrichtsstunden sollten einige allgemeine Hinweise berücksichtigt werden:

- Die Lernfähigkeit wird gesteigert, wenn die KT zunächst auf den Unterricht eingestimmt werden. Jede Unterrichtsstunde sollte mit einer Aufwärmphase beginnen, in der die KT auf den Unterricht vorbereitet werden und sich an die Gruppe und die Lernsituation gewöhnen können (z. B. Fragen nach dem Befinden in portugiesischer Sprache, Wiederholung von Stoff aus den vorausgegangenen Stunden).
- Da ein KT nicht 90 Minuten voll konzentriert dem Unterrichtsgeschehen folgen kann, sollte der KL die Einführung von neuem Lernstoff herausheben, um die Aufmerksamkeit der KT darauf zu lenken.
- Neuere lernpsychologische Untersuchungen haben gezeigt, daß Lernende um so erfolgreicher Wissen erwerben, je mehr Sinne (Sehen, Hören, Tasten) angesprochen werden. Dies hat folgende Rückwirkungen auf den Sprachunterricht:
- die Sprachvermittlung sollte über unterschiedliche Wege erfolgen, um die KT auf vielfältige Weise zu stimulieren. Audiovisuelle Medien sollten ebenso Bestandteil des Unterrichts sein, wie Bildmaterialien, Texte etc.,
- die Arbeitsformen (Einzel-, Partner-, Gruppen-, Plenumsarbeit) sollten häufig gewechselt werden,
- Lernspiele, Rollenspiele (und Pantomimen) sollten zum festen Repertoire einer jeden Unterrichtsstunde gehören.

Gerade dieser letzte Punkt ist von besonderer Wichtigkeit, da sich durch Spiele nicht nur die Lernergebnisse verbessern lassen, sondern gleichzeitig auch die Sozialkontakte zwischen den einzelnen KT erleichtert werden. Die sich einstellende positive Lernatmosphäre äußert sich auch in einer längeren Beständigkeit der Lerngruppe.

- Bei der Erarbeitung von neuen grammatischen Strukturen/Vokabular sollten die KT nicht überfordert werden. So muß in einer Stunde eine Konjugation *nicht* mit all ihren Formen, eine grammatische Regel *nicht* mit all ihren Ausnahmen vorgestellt werden.

Auch beim Vokabular gilt: Beschränken Sie sich auf das Wesentliche! Nennen Sie nur die im Text vorkommende Bedeutung, nicht alle möglichen Übersetzungen eines Wortes. So vermeiden Sie es, die Teilnehmer durch zuviel Stoff abzuschrecken bzw. zu verwirren.

- Wiederholen Sie den Lernstoff nicht nur einmal, sondern greifen Sie ihn auch in späteren Stunden nochmals auf. Dadurch prägt er sich besser ein und Sie vermitteln den KT das Gefühl, etwas zu lernen und auch schon gelernt zu haben.

2.1.2. Praktische Hinweise zur Erarbeitung einer Unidade

Die *Unidades* bestehen aus einigen sich wiederholenden Elementen, zu deren Erarbeitung an dieser Stelle allgemeine Hinweise gegeben werden. Bei den Erläuterungen zu den einzelnen *Unidades* werden sie nicht noch einmal speziell erwähnt.

Die Minidialoge/Kurztexte

Sie enthalten immer eine Sprechintention (sich vorstellen, sich begrüßen), ausgedrückt mit Hilfe einer bestimmten Sprachstruktur.
Die Erarbeitung dieser Dialoge läßt sich in vier Phasen einteilen:
- Einführung mit Einübung
- Hören/Lesen
- Bewußtmachung der Sprechintentionen und der Struktur
- Festigungs- und Transferphase

Bei der *Einführung* sollen die neuen Wörter und Strukturen möglichst weitgehend in portugiesischer Sprache mit Hilfe von Gestik, Mimik, Zeichnungen und Realien erklärt werden. Dabei bietet es sich an, auf Bekanntes zurückzugreifen. Gelegentlich kann es von Vorteil sein, die Situation kurz auf deutsch zu erläutern, da die KT daraus sehr viel Vokabular erschließen können.
Um die Anwendung zu verdeutlichen, übt der KL die neuen Strukturen mit den Teilnehmern. Das direkte Gespräch KL – KT ermöglicht die Korrektur durch den KL.
Bei der *Einübung* üben die KT paar- oder gruppenweise die vorgestellten Strukturen. Der KL geht durch die Klasse und greift helfend ein, falls nötig. Er kann jetzt nicht mehr bei allen Teilnehmern Fehler korrigieren, doch da diese Form der Übung erst zu einem Zeitpunkt stattfindet, an dem die Strukturen bereits eingeübt worden sind, können sich die Teilnehmer weitgehend selber korrigieren bzw. sind so weit sensibilisiert, daß sie sich bei Unsicherheiten an den KL wenden. Nach einigen Minuten fordert der KL die KT auf, ihre Dialoge im Unterricht vorzutragen. An diese Übungen schließt sich die Phase des *Hörens/Lesens* an. Sie sollte in drei Schritten erfolgen:
- Hörverstehen
- Hör- und Leseverstehen
- Lesen.

Da das Hören einen gewichtigen Anteil an der gesamten Sprachverwendung ausmacht, sollte es möglichst intensiv gefördert werden. Dabei reicht es jedoch nicht aus, weitgehend in portugiesischer Sprache zu unterrichten, da die KT sich zwar an die individuelle Sprechweise des KL gewöhnen, aber nicht zum Hörverstehen befähigt werden. „Verstehendes Hören" wird erst in der Konfrontation mit verschiedenen Sprechern, Stimmen, Arten von Intonation und Aussprache geschult. Eine intensive Hörverstehensförderung bereitet die KT umfassend auf einen Aufenthalt in Portugal vor, bei dem sie auch verschiedene Gesprächspartner mit ihren individuellen Aussprachevarianten verstehen müssen. Das Verstehen der Cassette bereitet den Teilnehmern zu Anfang sicherlich Probleme, da die Dialoge in authentischem Sprechtempo dargeboten werden, während der KL sicherlich langsamer, „didaktisierter" spricht. Diese Schwierigkeit kann jedoch durch entsprechende Vorentlastung (z. B. Erläuterung schwieriger unbekannter Vokabeln, Vorbereitung der Situation, die im Hörtext vorgestellt wird etc.) und mehrmalige Präsentation aufgefangen werden.

Die Erarbeitung des Hörtextes erfolgt über verschiedene Stufen:
- zunächst hören die Teilnehmer den Text einmal vollständig (bei längeren Texten evtl. in Sinnabschnitten) bei geschlossenem Buch,
- ein zweites Hören bei geschlossenem Buch folgt. Jetzt kann der Text Satz für Satz dargeboten werden und die KT sprechen einzeln oder im Chor nach. Behutsame phonetische Korrekturen,
- bei einer nochmaligen Textpräsentation (vom Band oder durch den Lehrer) sind die Bücher geöffnet und die KT lesen mit, um die Unterschiede zwischen der Aussprache und dem Schriftbild zu erkennen,

– zum Abschluß wird der Text zur Sicherung und Festigung der phonetisch korrekten Aussprache mit verteilten Rollen gelesen.

Die sich an die Minidialoge anschließenden Strukturkästchen dienen zur *Bewußtmachung der neugelernten Sprechintentionen*, die neue Strukturen anbieten. Unter Umständen sollte zusätzlich noch auf die Grammatik im Anhang verwiesen werden. Zur Verdeutlichung kann der KL von der Grammatikseite eine Folie anfertigen, an der er, für alle sichtbar, die Strukturen zeigt und erläutert.

Die *Actividades* und zusätzliche Hinweise auf Übungen und Spiele bieten das Material für die *Festigungs- und Transferphase*. Während in der Festigungsphase die neuen Wörter und Strukturen in stärker gelenkter Form angewendet werden, sollte der Gebrauch in der Transferphase auch in freier Form (z. B. Rollenspiel oder freies Gespräch) erfolgen. Diese letzte Phase stellt die größten Anforderungen an die KT. Erst wenn gewährleistet ist, daß alle KT die neuen Strukturen beherrschen, hat es Sinn, im Stoff voranzuschreiten.

Die Actividades

Unter dem Begriff *Actividade* wird eine Vielzahl von Übungstypen summiert:
– gelenkte und freie Strukturübungen (Zuordnungsübungen, Lückentexte, situative Übungen etc.),
– gelenkte und freie Transferübungen (gelenkte schriftliche und mündliche Äußerungen, Rollenspiele, etc.),
– Kontrollübungen zum Globalverstehen.

Generell sollte darauf Wert gelegt werden, die *Actividades*, soweit vorgegeben, in mündlicher Form zu bearbeiten. Gerade zu Anfang werden die KT gelegentlich das Fehlen schriftlicher Aufgaben beklagen, doch sollte darauf hingewiesen werden, daß ihnen nur 90 Minuten pro Woche zur Verfügung stehen, um Portugiesisch zu sprechen. Falls gewünscht, können die KT *Actividades*, die im Unterricht in mündlicher Form erarbeitet wurden, zu Hause verschriftlichen.

Bei allen *Actividades* müssen vorher die Redemittel (Vokabeln/Strukturen) bekannt sein.

Ein oder zwei Beispiele sollten mit den Teilnehmern im Unterricht durchgesprochen werden, ehe sie alleine weiterarbeiten. Nach einer Partner- oder Gruppenarbeit empfiehlt es sich, Dialoge vorspielen oder vortragen zu lassen und nochmals nachzufragen, ob Probleme aufgetreten sind.

Die Hör- und Lesetexte

Die Hör- und Lesetexte stellen einerseits besondere Anforderungen an die KT, da sie in ihrem Schwierigkeitsgrad deutlich über den Minidialogen liegen, andererseits geht von ihnen eine starke Motivation aus, da es sich um authentische Materialien handelt. Bei beiden Textsorten sollten die KT darauf hingewiesen werden, daß das Ziel der Erarbeitung in einem Global- bzw. Sinnverständnis liegt.

Die Hörtexte

– Einführung in das Thema / die Situation. Die KT sollen durch Materialien etc. für das Thema sensibilisiert werden. Hier besteht auch die Möglichkeit für ein freies Gespräch evtl. in deutscher Sprache.
– Erläuterung der sinntragenden unbekannten Wörter. Evtl. Wiederholung wichtiger, bereits bekannter Wörter, um sie zu reaktivieren,
– Textpräsentation,
– für die weitere Erarbeitung bietet das Lehrbuch entsprechende *Actividades*.

Die Lesetexte

– Einführung in das Thema / die Situation s. o.,
– Erläuterung der sinntragenden unbekannten Wörter. Evtl. Wiederholung wichtiger, bereits bekannter Wörter, um sie zu reaktivieren,
– die KT lesen den Text leise,
– die KT versuchen untereinander, Fragen zu klären und den Inhalt zusammenzutragen.

Evtl. hilft der KL,
– der KL liest den Text vor, die KT lesen mit,
– das inhaltliche Verständnis wird mit Fragen in portugiesischer oder deutscher Sprache, je nach dem Leistungsniveau des Kurses, überprüft.

Neben dieser mehr systematischen Form gibt es auch kreativere Möglichkeiten der Texterarbeitung, z. B.:
- Man legt den Teilnehmern den ersten und letzten Satz des Textes vor. Sie müssen den Inhalt erschließen oder erfinden.
- Der Text wird zerschnitten. Einige Absätze werden numeriert, andere nicht. Die Aufgabe der KT besteht darin, den Text in die richtige Reihenfolge zu bringen. Neues Vokabular wird in einer Vokabelleiste am Rande des Textes aufgeführt.
- Der Text wird mit Lücken auf eine Folie getippt. Die KT versuchen, die Lücken aufzufüllen. Man kann das anhand einer Folie gemeinsam im Unterricht machen. Es besteht auch die Möglichkeit, die KT diesen Text in Partnerarbeit bearbeiten zu lassen und anschließend die unterschiedlichen Lösungsmöglichkeiten im Plenum zu vergleichen.

Der Grammatikanhang
Neben seiner Funktion als Übersicht über die grammatischen Strukturen, eignet sich das in diesem Anhang bereitgestellte Material auch zur Wiederholung bzw. Kontrolle. Aus der Fülle der vorgegebenen Sätze lassen sich leicht Lernspiele (z. B. Dominos s. 2.1.3.) erstellen.

2.1.3. Lernspiele, Übungsformen und Hinweise zum Einsatz von Liedern

Im folgenden stellen wir einige Spiele und Übungen vor, die sich wiederholt im Unterricht einsetzen lassen. In den einzelnen *Unidades* finden Sie jeweils einen kurzen Verweis. Es sind noch eine Fülle weiterer Spiele möglich, doch sollte immer bedacht werden, daß sie erwachsenengerecht sein müssen.

Lernspiele
Würfelspiele
Entnehmen Sie der *Unidade* einige Verben und geben Sie sie im Infinitiv vor, z. B. morar.

Ziel: Einübung einer Konjugation
Sozialform: Gruppenarbeit (2-3 Pers.)

Je 2-3 Personen erhalten einen Würfel. Die gewürfelte Augenzahl entspricht der zu verwendenden Form. Dabei ist

⚀ = eu moro

⚁ = ele, ela, você mora

⚂ = nós moramos

⚃ = eles, elas moram

⚄ = tu moras

⚅ = vocês moram

Sobald die Teilnehmer die Verbformen relativ sicher bilden, werden sie aufgefordert, die jeweils gewürfelte Verbform in einem vollständigen Satz zu verwenden.

Ziel: Einübung der Zahlen
Sozialform: s. o.
Je 2-3 Personen erhalten einen Würfel. Die gewürfelte Augenzahl wird addiert, bis eine vorher festgelegte Grenze (20, 50 oder 100) erreicht wird. Danach wird subtrahiert.

Domino
Ähnlich wie beim Domino-Spiel, bei dem die Spielsteine aneinandergelegt werden, wird beim Verbdomino eine Kette aus Verbformen gebildet. Bei den Zuordnungsspielen handelt es sich nicht um Dominos im eigentlichen Sinne, da hier immer nur zwei Bestandteile einander zugeordnet werden.
Achten Sie beim Erstellen der Domino-Spiele, daß die Kärtchen eine ausreichende Größe haben. Sie dürfen nicht zu klein sein, da sie sonst für die KT unhandlich sind und zu leicht verloren gehen.

Ziel: Zuordnung Substantiv und Artikel
Die KT erhalten Kärtchen (am besten in einem Briefumschlag), auf denen entweder ein Artikel oder ein Substantiv eingetragen ist. Sie müssen sie grammatisch richtig zuordnen.

o	senhor
as	senhoras
a	menina
os	professores

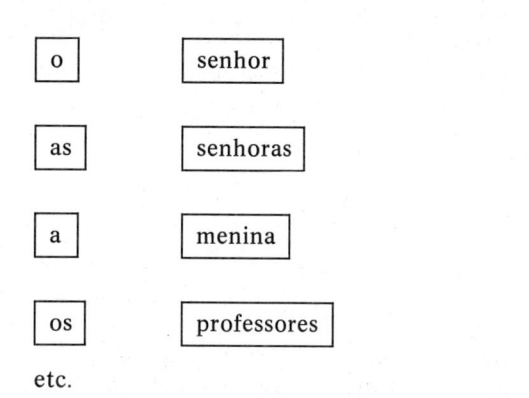

etc.

Dieses sehr einfache Spiel eignet sich nur für die Anfangsstunden.

Ziel: Einübung von Konjugationen
a) Übung von Personalpronomen und dazugehöriger Verbform
Sozialform: Partnerarbeit
Für dieses Spiel werden Kärtchen erstellt, auf denen das Personalpronomen und das Verb eingetragen sind. Die Kärtchen werden den Teilnehmern unsortiert, am besten in einem Briefumschlag gegeben. Die Aufgabe der Teilnehmer besteht darin, dem Personalpronomen jeweils die richtige Verbform zuzuordnen.
Beispiel:
moro/ela
trabalha/você
está/nós etc.
In diesem Spiel können auch Verben verwendet werden, die den KT bisher unbekannt sind; die richtige Verbform zum Personalpronomen können sie ableiten.

b) Übung der Unterschiede zwischen den Konjugationen
Sozialform: Partnerarbeit
Für dieses Spiel werden Kärtchen erstellt, auf denen zum einen das Personalpronomen und der Verbstamm, zum anderen die Verbendung eingetragen sind. Die Kärtchen werden den Teilnehmern unsortiert, am besten in einem Briefumschlag gegeben. Die Aufgabe der Teilnehmer besteht darin, dem Verb jeweils die richtige Endung zuzuordnen.

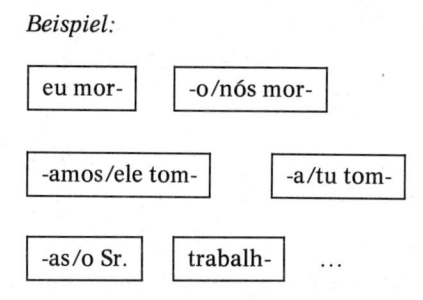

Beispiel:

eu mor-	-o/nós mor-
-amos/ele tom-	-a/tu tom-
-as/o Sr.	trabalh- ...

Ziel: Zuordnung Substantiv und Adjektiv
Die KT erhalten Kärtchen, auf denen entweder ein Adjektiv, ein Substantiv oder *é/são* eingetragen ist. Sie müssen sie grammatisch richtig zuordnen.

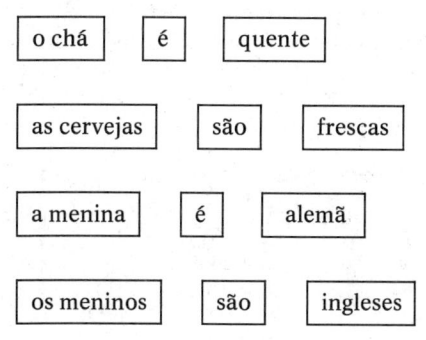

Beispiel:

o chá	é	quente
as cervejas	são	frescas
a menina	é	alemã
os meninos	são	ingleses

Ziel: Zuordnung von Satzteilen
Das Buch bietet *Actividades*, bei denen die Aufgabe darin besteht, Satzteile sinnvoll zusammenzufügen. Sie können diese Vorlage kopieren und zerschneiden und die Teilnehmer bitten, die Satzteile zusammenzufügen. Der Grammatikanhang ist ebenfalls so konzipiert, daß sich hier eine Fülle von Beispielsätzen findet, die kopiert und in Sinnabschnitte zerschnitten werden können und so die Grundlage für ein Domino bieten. Haltbarer und für die Teilnehmer angenehmer zum Arbeiten ist es, die Satzelemente auf Kärtchen zu schreiben. Sie sind fester als Papier und man kann sie etwas größer lassen als die ausgeschnittenen Schnipsel. Es erfordert Mühe, da man diese Übung in Partnerarbeit durchfüh-

ren lassen sollte und die entsprechende Menge für einen Kurs angefertigt werden muß.

Spiele zur Wiederholung
Das Ziel dieser Spiele besteht darin, das Vokabular, die Strukturen und Sprechintentionen zu wiederholen.

Brettspiel
Dieses Spiel ist etwas aufwendig in der Herstellung, bietet jedoch den Vorteil, daß es immer wieder eingesetzt werden kann. Der Kurs wird in Gruppen à 3 oder 4 Teilnehmern eingeteilt. Als Materialien werden ein Spielbrett mit Spielfeldern und einigen besonders markierten Ereignisfeldern (z.B. hervorgehoben durch eine andere Farbe), Spielsteine, Würfel und Ereigniskarten benötigt. Diese Karten sollten aus dem Stoff von 2 oder 3 *Unidades* zusammengestellt werden, wobei man einfache Vokabel- oder Wissensfragen stellen oder die KT auffordern kann, kleine Dialoge mit ihren Mitspielern zu spielen.

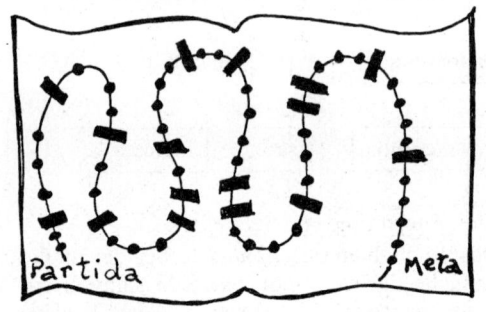

Ereignisfelder ▮

Beispiel für Ereigniskarten nach den ersten drei *Unidades*
1. Pergunte aos seus colegas donde são e onde moram?
2. Como se chama uma pessoa de Inglaterra? da Espanha? da França? da Suíça? da Itália? da Alemanha?
3. Pergunte aos seus colegas o que estão a fazer nesta cidade? E você o que faz aqui?
4. Você está num café com os seus colegas, pergunte o que tomam e chame o empregado.
5. Quais são os números de 1 a 20?
6. Pergunte o preço de um sumo de laranja.
7. Convide o seu colega para ir ao cinema hoje à noite.
8. Onde fica a torre de Belém?
   o Pão de Açúcar?
   o Big Ben?
   o Arco de Triunfo?
9. Grüßen Sie den KT, der links von Ihnen sitzt und stellen Sie ihm Ihren Nachbarn von rechts vor.

Versuchen Sie nach Möglichkeit immer portugiesische Formulierungen zu finden, wie in den Beispielen 1–8 und greifen Sie nur im Notfall auf einen deutschen Satz zurück (Bsp. 9), da die Teilnehmer, wenn möglich, nicht in der Sprache springen sollten.

Spiele mit Bildmaterialien
Geben Sie den KT einen Bildstimulus und fordern Sie sie auf, in Einzel- oder Partnerarbeit dazu eine Geschichte zu erfinden, das Bild zu beschreiben, Dialoge zu verfassen, Sprechintentionen abzuleiten etc.. Diese Aufgabe kann auch etwas gelenkter gestellt werden, indem Sie einen bestimmten thematischen Rahmen, einige Wörter oder Halbsätze vorgeben.
Die auf S. 15 abgedruckten Bilder können als Bildstimulus wie oben beschrieben eingesetzt werden, sie können aber auch als Grundlage für ein Brettspiel zur Einübung verschiedener Verbformen verwendet werden. Zu diesem Zweck kann man sie kopieren, vergrößern und auf eine Pappe kleben. Die KT erhalten Spielsteine und Würfel. Je nach gewürfelter Zahl rücken die Teilnehmer auf dem Spielbrett vor. Die abgebildeten Tätigkeiten werden in den vereinbarten Verbformen oder Zeiten genannt.

Spiele mit Informationsgefälle
Das Grundprinzip dieses Spiels basiert darauf, daß ein KT/mehrere KT über Informationen verfügen, die der andere/die anderen benötigen. Das *Ziel* besteht darin, diese Informationen zu erfragen.
Sozialform: Partner-, Gruppenarbeit

Abb. 4

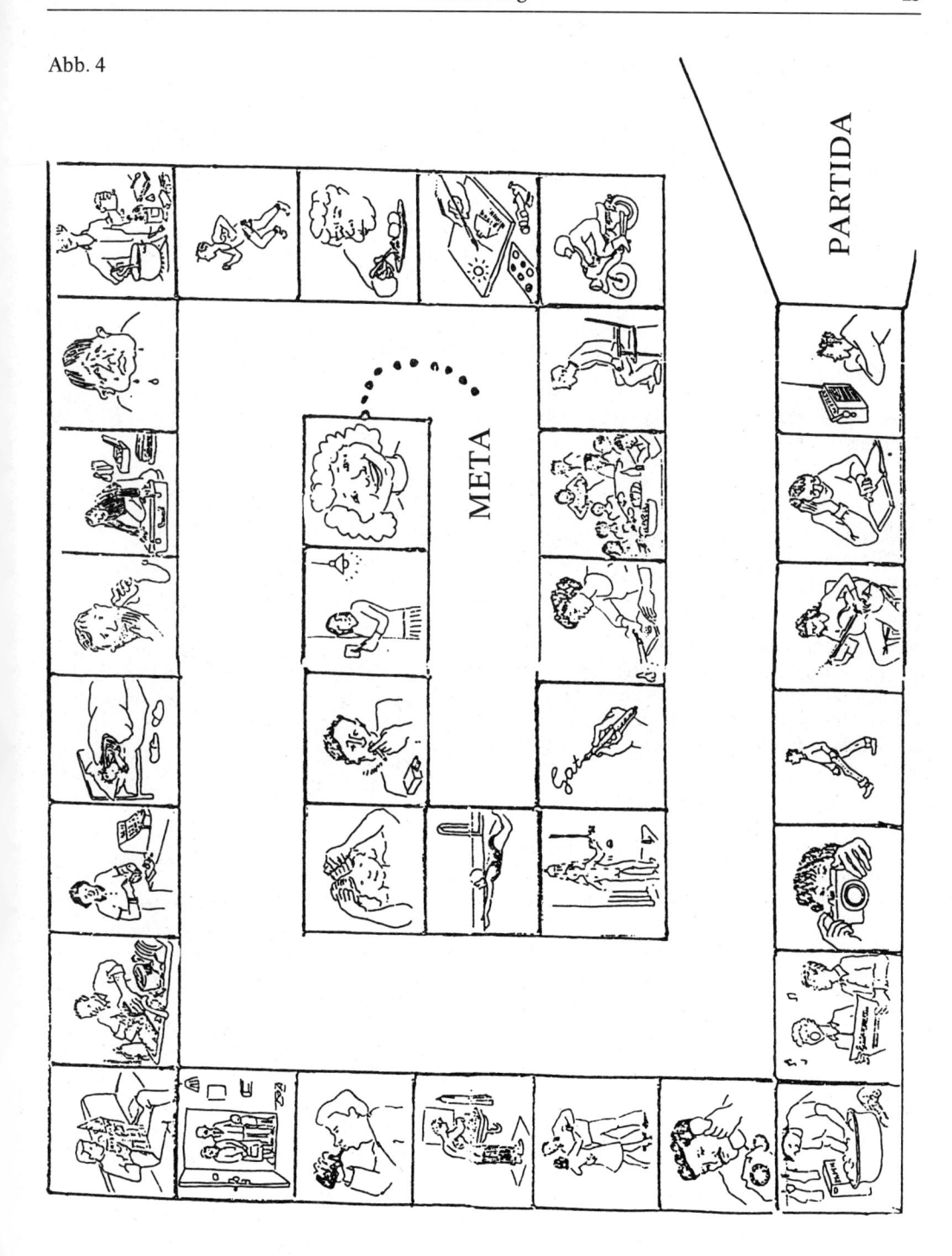

Dieses Spiel läßt sich in unterschiedlichen Situationen einsetzen.
Beispiel zu Unidade 6: die Lebensmittel

KT 1 spielt den Kunden und erhält ein Arbeitsblatt mit der visuellen Darstellung dessen, was er kaufen möchte (Kopie aus dem Buch). KT 2 spielt den Geschäftsinhaber. Auf seinem Arbeitsblatt sind die Gegenstände mit Preisen versehen. Es könnte sich folgender Dialog entwickeln:

Geschäftsinhaber	Kunde
O que deseja?	Eu queria batatas. Quanto custam?
Custam 60$00 o quilo.	Dê-me 3 quilos.
	Tem presunto?
Sim.	Quanto custa?
1.300$00 o quilo.	Então dê-me 6 fatias finas.

Der „Kunde" trägt die Preise in sein Arbeitsblatt ein. Anschließend vergleichen KT1 und KT2, ob die Preisangaben richtig verstanden wurden.

Rollenspiele
Ziel: angemessene sprachliche Bewältigung einer Situation
Sozialform: Gruppenarbeit

Rollenspiele können auf den unterschiedlichen sprachlichen Ebenen im Unterricht eingesetzt werden: von einer einfachen Begrüßungssituation (*Unidade 1*) bis zu einem komplexen Gespräch/Diskussion über ein abstraktes Thema reichen die Anwendungsmöglichkeiten.

Voraussetzungen für Rollenspiele:
- die Situation muß klar sein,
- die benötigten Vokabeln/Strukturen müssen bekannt und geübt sein,
- evtl. spielt der KL eine Situation im Plenum mit einem/mehreren KT vor,
- während des Rollenspiels soll nicht korrigiert werden.

Nachdem das Rollenspiel geübt worden ist, können einzelne Gruppen ihr Spiel im Plenum vortragen.

Übungsformen
Automatisierung der Verbformen
vertikal: es wird ein Verb im Infinitiv vorgegeben. Der KL gibt ein Personalpronomen vor, die Teilnehmer nennen die entsprechende Verbform (einzeln oder im Chor).

Beispiel:
Vorgabe: falar
KL	KT
eu	falo
ele	fala etc.

horizontal: es werden zwei Verben im Infinitiv vorgegeben. Der KL setzt das eine Verb in eine konjugierte Form, die Teilnehmer bilden mit dem 2. Verb die Parallelform.

Beispiel:
Vorgabe: falar, comprar
KL	KT	KT
eu	falo	compro
ele/ela	fala	compra

Hinweise zur Bearbeitung von Liedern
Lieder eignen sich als Zusatzmaterialien für den Fremdsprachenunterricht in ganz besonderer Weise, da sie die KT auf verschiedenen Ebenen ansprechen und ihnen zusätzliche Kenntnisse vermitteln (Landeskunde, Vokabeln/Strukturen in einem anderen Kontext). Die Authentizität des Liedes erklärt einen Teil seines Reizes.
Daneben wird der KT auch emotional angesprochen. Oft verbindet er Erinnerungen mit einer bestimmten Musik.

Die Erarbeitung eines Liedes im Unterricht richtet sich nach dem Schwierigkeitsgrad des Textes. Generell sollten Lieder einmal vollständig vorgespielt werden, da die Musik und die Art des Gesanges oft einen ersten Eindruck von Stimmung und Inhalt des Liedes vermitteln, der anschließend mit den KT besprochen werden kann. Dabei können Zusatzinformationen (Sänger, Thema etc.) eingegeben werden. Für die weitere Erarbeitung sind verschiedene Schritte möglich:
– Erläuterung der unbekannten Vokabeln, mit deren Hilfe die Teilnehmer den Inhalt des Liedes erschließen können,
– Lückentext, in den die KT einige fehlende Wörter während einer späteren Präsentation einsetzen,
– Vorgabe des gesamten Textes, der gemeinsam besprochen und evtl. sinngemäß übersetzt wird.
– gemeinsames Singen des Liedes. Das lockert den Unterricht auf und spricht noch weitere Fähigkeiten der KT an. Dabei singt der KL langsam vor, mit Unterbrechungen und läßt die KT nachsingen.

Es empfiehlt sich, das Lied mehrere Male an verschiedenen Tagen zu wiederholen.

Überblick über Unidade 1

Minidialog/ Kurztext	Situation/Thema	Fertigkeiten	Kommunikative Lernziele	Strukturen
1	sich kennenlernen	Hörverstehen/ Sprechen	jdn. begrüßen, sich vorstellen, jdn. nach dem Namen fragen	*eu chamo-me, como se chama? e o senhor/a senhora?*
2	sich kennenlernen	Hörverstehen/ Sprechen	nach einer Person fragen, sich melden	*Quem é...; ser: sou eu, é ele/ela, é o senhor.../ a senhora Dona...*
3	sich kennenlernen (formell)	Hörverstehen/ Sprechen	nach dem Namen fragen, sich vorstellen und darauf reagieren, eine Frage bejahen, bestätigen, eine Frage verneinen, berichtigen, nachfragen	*ser* in der Höflichkeitsform *é (o senhor é o Sr. Souza); não, não sou*
4	sich kennenlernen (informell)	Hörverstehen/ Sprechen	jdn. vorstellen und darauf reagieren	*este é o.../esta é a...*
5	2 Personen treffen sich	Hörverstehen/ Sprechen	jdn. formell begrüßen, sich nach dem Befinden erkundigen und darauf antworten, nach einer dritten Person fragen und darauf antworten, sich verabschieden	*como está (estar), ele/ela está, como vai (ir)*
6	2 Personen treffen sich	Hörverstehen/ Sprechen	jdn. begrüßen (wobei der Angesprochene mit Vornamen und Sie angeredet wird), sich nach dem Befinden erkundigen, darauf antworten, sich verabschieden	*estou óptimo (estar),*
7	3 Personen treffen sich	Hörverstehen/ Sprechen	informelle Begrüßung (Duform), jdn. einer dritten Person vorstellen	*como estás (estar), como te chamas*

UNIDADE 1

Hilfsmittel/Materialien
- Teilnehmerliste
- Namensschilder

Vorschläge zur Gestaltung des Unterrichts
Die *Unidade* gliedert sich in 7 einzelne Lernabschnitte (Minidialoge und dazugehörige *Actividades*), von denen ca. 2–3 in einer Unterrichtsstunde behandelt werden sollten. Schreiten Sie gerade am Anfang besonders langsam voran und achten Sie darauf, daß alle Teilnehmer alle Strukturen selbst angewendet haben.

Vermittlungshinweis
In dieser *Unidade* wird das Verb *chamar-se* in drei Formen (*chamo-me, se chama?, te chamas?*) eingeführt. Vermitteln Sie diese drei Formen auf dieser Lernstufe nur als lexikalische Einheiten, da die Behandlung der reflexiven Verben erst für die *Unidade* 7 vorgesehen ist und die KT jetzt noch überfordern würde. Bei Teilnehmerfragen verweisen Sie an dieser Stelle nur auf die mögliche Übersetzung mit „sich nennen".

---

1. Minidialog
Situation/Thema: sich kennenlernen
Fertigkeit: Hörverstehen/Sprechen
kommunikative Lernziele:
jdn. begrüßen,
sich vorstellen, jdn. nach dem Namen fragen
Strukturen: *eu chamo-me,
como se chama?,
e o senhor/e a senhora?*

Erarbeitung des 1. Minidialogs
Einführung (mit geschlossenen Büchern)
Plenum
KL grüßt und stellt sich vor: *Eu chamo-me...*
KL (zu KT): *Eu chamo-me... e o senhor/e a senhora?*
Dieses mehrmals wiederholen bis die KT spontan antworten. Bestehen Sie darauf, daß die KT nicht nur ihren Namen nennen, sondern den gesamten Satz.

Einüben
Plenum
KL (zu einem KT): *Eu chamo-me... como se chama?*
Ebenfalls mit verschiedenen KT üben.
KT – KT (Kettenspiel)
KT 1 fragt seinen/ihren Nachbarn (KT 2)
KT 2 fragt seinen/ihren Nachbarn (KT 3) etc.
KT 1: *Eu chamo-me... e o senhor/e a senhora?* oder *como se chama?*
Gruppen
Bilden Sie Gruppen à 4 oder 5 KT. Diese fragen untereinander:
Eu chamo-me... e o senhor/e a senhora? oder
Eu chamo-me... como se chama?

Ihnen mögen diese Übungen zu aufwendig oder lang vorkommen, doch werden diese Strukturen erst durch intensive Übung automatisiert und gehen in den aktiven Wortschatz über.

Hören/Lesen
vgl. die Praktischen Hinweise 2.1.2., S. 11

Bewußtmachung der Sprechintentionen und der Strukturen
Hinweis auf die Verwendung von *senhor/senhora* mit dem Artikel und auf die Stellung des Reflexivpronomens im Aussage- und Fragesatz.

---

2. Minidialog
Situation/Thema: sich kennenlernen
Fertigkeit: Hörverstehen/Sprechen
kommunikative Lernziele: nach einer Person fragen, sich melden
Strukturen: *Quem é...? ser: sou eu, é ele/ela e o senhor.../a senhora Dona*

Erarbeitung des 2. Minidialogs
Einführung (mit geschlossenen Büchern)
Plenum
Sie erläutern den KT, daß Sie sich die Namen einprägen möchten.
Mit der Teilnehmerliste in der Hand fragen Sie:
Quem é o senhor.../a senhora...?

Wenn sich der/die KT bemerkbar macht, sprechen Sie ihm/ihr vor: *sou eu.*

Einüben
Der KL fragt mehrere KT.
KT – KT: Der KL läßt eine Namensliste der KT in der Klasse zirkulieren und die KT fragen jeweils nach ein oder zwei Teilnehmern.

Bitten Sie die Teilnehmer anschließend Namensschilder mit ihren Vor- und Nachnamen anzufertigen, da es doch Probleme bereitet, sich die vielen Namen in kurzer Zeit zu merken. Diese Namensschilder sind zum Einüben der folgenden Struktur wichtig.

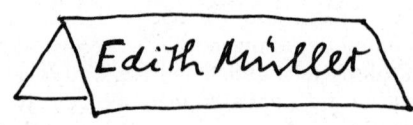

Edith Müller

Plenum
Der KL wendet sich an einen KT, zeigt auf eine dritte Person und fragt: *Quem é ele/ela?*
Der KT antwortet (mit Hilfe des KL): *Ele é o senhor/a senhora Dona...*
Üben Sie diese Struktur ebenfalls mit mehreren KT; achten Sie dabei auf die korrekte Aussprache der maskulinen und femininen Form („e" bei *ele* geschlossen, „e" bei *ela* offener).
Gruppen
Bilden Sie Gruppen zu 4 oder 5 Teilnehmern. Sie sollen untereinander fragen:
Quem é ele/ela?
Antwort: *Ele é o senhor/a senhora Dona...*

Hören/Lesen
vgl. die Praktischen Hinweise 2.1.2., S. 11

Bewußtmachung der Sprechintentionen und der Strukturen
Kurze Erläuterung des Strukturkästchens. *A menina* muß erklärt werden.

Landeskundliche Hinweise
Senhor wird nur mit dem Nachnamen verwendet. Frauen werden immer mit *senhora Dona* und Vornamen angesprochen. Nur bei Ausländerinnen verwendet man *senhora* und den Nachnamen. *A menina* wird für Mädchen und junge Frauen benutzt.

> **3. Minidialog**
> Situation/Thema: sich kennenlernen (formell)
> Fertigkeiten: Hörverstehen/Sprechen
> kommunikative Lernziele:
> nach dem Namen fragen, sich vorstellen und darauf reagieren,
> eine Frage bejahen, bestätigen,
> eine Frage verneinen, berichtigen,
> nachfragen
> Strukturen: *ser* in der Höflichkeitsform *é (o senhor é o Sr. Souza); não, não sou.*

Erarbeitung des 3. Minidialogs
Einführung (mit geschlossenen Büchern)
Plenum
Die Teilnehmer haben Namensschilder vor sich stehen. Der KL wendet sich an einen KT und fragt nach seinem Namen: *o senhor é o Sr..../a senhora é a senhora Dona...?* Wenn der KT nickt, gibt der KL vor: *sou sim*[2]. Der KL reicht dem KT die Hand und sagt: *Muito prazer.* Er zeigt auf den KT und gibt ihm: *igualmente* vor. Der KL wiederholt dies mehrmals; anschließend spricht er einen KT absichtlich mit falschem Namen an und gibt ihm die Antwort *não, não sou* vor.

Einüben
Diese Strukturen werden anschließend zunächst *im Plenum* zwischen *KT und KT* geübt, dann *in Gruppen.*
Plenum
Der KL fragt nach dem richtigen Namen: *Quem é o senhor/a senhora Dona/a menina?* oder *Como se chama?*. Dadurch werden diese Strukturen wiederholt. Wenn die Teilnehmer spontan und sicher antworten, gibt der KL vor, einen Namen nicht verstanden zu haben (mit Mimik) und fragt: *Desculpe... como?* Auch diese Strukturen werden anschließend

---
[2] Manche KT werden mit *sou eu* antworten. Weisen Sie kurz darauf hin, daß dies die Antwort auf die Frage *Quem é o senhor/a senhora...* ist.

zunächst im *Plenum* zwischen *KT und KT* geübt, dann in *Gruppen*.

Hören/Lesen
vgl. die Praktischen Hinweise 2.1.2., S. 11

Bewußtmachung der Sprechintentionen und der Strukturen
Die KT werden sicherlich mit dem Gebrauch des bestimmten Artikels vor Herr und Frau Schwierigkeiten haben. Weisen Sie immer wieder auf diesen Gegensatz zum deutschen Sprachgebrauch hin.

Actividade 2
Der KL fordert die KT auf, sich mit einer der Personen zu identifizieren. Dann übt er mehrmals mit einigen KT die Struktur: *o senhor é o senhor Mitterrand? / a senhora é a senhora Dona Gina Lollobrigida?*. Mögliche Antworten: *sou sim* oder *não, não sou, sou...* Fordern Sie die KT, sobald sie spontan und sicher antworten, auf, aufzustehen und ca. 5 Kollegen gemäß diesen Beispielen nach ihren Namen zu fragen.

> 4. **Minidialog**
> Situation/Thema: sich kennenlernen (informell)
> Fertigkeiten: Hörverstehen/Sprechen
> kommunikative Lernziele:
> jdn. vorstellen und darauf reagieren
> Strukturen: *este é o...,* /*esta é a...*

Erarbeitung des 4. Minidialogs
Einführung (mit geschlossenen Büchern)
Plenum
Der KL stellt einen männlichen und einen weiblichen KT mit Vornamen einer dritten Person vor: *este é o..., esta é a...* Er gibt der dritten Person vor, wie sie reagieren soll: *Olá.*

Einüben
Diese Situation wird von 1 oder 2 Gruppen à vier KT *im Plenum* vorgespielt, um die Strukturen zu üben. Anschließend wird *in Gruppen* geübt.

Mit Hilfe des Strukturkästchens kann nochmals der Unterschied zwischen formeller und informeller Vorstellung verdeutlicht werden.

Actividade 3
Im Plenum wird das Beispiel vorgelesen und es werden noch ein oder zwei Beispiele gemeinsam erarbeitet. Dann sollte diese Übung in *Partnerarbeit* durchgeführt werden. Der KL sollte kurz erläutern, um welche Personen es sich handelt.
Eusébio: berühmter port. Fußballspieler
Cavaco Silva: Portugals amtierender Premierminister
Otelo Saraiva: Militär, spielte eine bedeutende Rolle in der Nelkenrevolution (1974)
Mário Soares: amtierender Staatspräsident
Manuel Alegre: zeitgenössischer Dichter und kritischer Liedermacher
Raul Solnado: zeitgenössischer Komiker
José Afonso: zeitgenössischer Dichter und Protestsänger (gestorben 1987)
Álvaro Cunhal: ehemaliger Generalsekretär der kommunistischen Partei
Agostina Bessa Luiz: zeitgen. Schriftstellerin
Vieira da Silva: zeitgenössische Malerin (†)
Rosa Ramalho: Töpferin (gestorben 1977)
Amália Rodrigues: zeitgen. Fadosängerin
Luis de Camões: Dichter (1524/5–1580)
Fernando Pessoa: zeitgen. Dichter († 1935)
Leonor Belesa: ehemalige Gesundheitsministerin
Rosa Mota: Marathonläuferin (Olympiasiegerin 1988)

> 5. **Minidialog**
> Situation/Thema: 2 Personen treffen sich
> Fertigkeiten: Hörverstehen/Sprechen
> kommunikative Lernziele:
> jdn. formell begrüßen, sich nach dem Befinden erkundigen und darauf antworten, nach einer dritten Person fragen und darauf antworten, sich verabschieden
> Strukturen: *como está (estar), ele/ela está, como vai (ir)*

Erarbeitung des 5. Minidialogs
Einführung (mit geschlossenen Büchern)
Der KL fragt, ob die Teilnehmer bereits portugiesische Grußformeln kennen und wissen, wann sie verwendet werden. Falls nötig, gibt der KL Erläuterungen: *Bom dia:* bis 12 Uhr, *boa tarde:* ab 12 Uhr bis zum Dunkelwerden, danach *boa noite*.

Zur Einführung in die Situation bietet es sich an, von der Zeichnung im Buch eine Folienkopie anzufertigen (Achtung: ohne Text). Am Overheadprojektor (OHP) lassen sich die Personen und die Situation leicht verdeutlichen. Der KL stellt die Personen mit *Este é..., esta é...* vor und fragt nach: *Quem é...* Mit Gestik und Mimik wird die Situation und die Begrüßung: *Bom dia, como está* oder *como vai* erläutert. Sollte es nicht möglich sein, mit dem OHP zu arbeiten, zeigt der KL das Buchbild und erläutert daran die Personen und die Situation. Um die Antworten zum Befinden zu verdeutlichen, bietet es sich an, einfache Zeichnungen an der Tafel anzufertigen.

bem   *mais ou menos*   *mal*

Verdeutlichen Sie den KT den Unterschied zwischen *obrigado/a*.

Einüben

Begrüßung
bom dia
boa tarde
boa noite

Frage nach dem Befinden
como está
como vai

Antwort
bem, obrigado/a
mais o menos
mal

Diese Strukturen sollten zunächst vom KL mit den KT und dann von den KT untereinander *im Plenum* geübt werden. Sobald die Teilnehmer relativ sicher antworten, sollte *in Gruppen* geübt werden.

Hören/Lesen
Vor der Textpräsentation vom Band müssen noch die verbleibenden unbekannten Wörter erläutert werden.
Weitere Texterarbeitung: s. Praktische Hinweise 2.1.2., S. 11

> 6. **Minidialog**
> Situation/Thema: 2 Personen treffen sich
> Fertigkeiten: Hörverstehen/Sprechen
> kommunikative Lernziele:
> jdn. begrüßen (wobei der Angesprochene mit dem Vornamen und Sie angeredet wird), sich nach dem Befinden erkundigen, darauf antworten, sich verabschieden
> Strukturen: *estou óptimo (estar)*

Erarbeitung des 6. Minidialogs
Einführung (mit geschlossenen Büchern)
Der KL fragt auf deutsch zur Kontrolle nach Möglichkeiten, wie man sich begrüßt, nach dem Befinden fragt und antwortet. Dabei führt er: *estou óptimo* ein. Nachdem nochmals im Plenum diese Strukturen wiederholt und ca. ein oder zweimal eingeübt worden sind, fordert der KL die KT auf, aufzustehen und sich untereinander zu begrüßen und nach dem Befinden zu fragen, wobei sie beide bisher bekannte Formen (*Sr.... como está, Sra. D.... como vai, o... como está, a... como vai*) verwenden sollen.

Hören/Lesen
Bei diesem Text empfiehlt es sich, zunächst Textfragen wie: Wie begrüßt er sie?, Was antwortet sie?, Was sagen sie zum Abschied? zu stellen und erst anschließend nach einem dritten Hören den Text Satz für Satz wiederholen zu lassen.

Landeskundliche Hinweise
Portugiesen haben eine gewisse Vorliebe für Verkleinerungen, s. z. B. *adeusinho*.

---

7. Minidialog
Situation/Thema: 3 Personen treffen sich
Fertigkeiten: Hörverstehen/Sprechen
kommunikative Lernziele: informelle Begrüßung (Duform), jdn. einer dritten Person vorstellen (informell)
Strukturen: *como estás (estar), como te chamas?*

Erarbeitung des 7. Minidialogs
Einführung (mit geschlossenen Büchern)
Der KL beginnt, indem er die bisher bekannten Formen der Begrüßung und ihre Unterschiede wiederholt. Dann erläutert der KL, daß diese Formen nun für eine informelle Begrüßung unter Personen, die sich duzen, gelernt werden sollen (*Tratamo-nos por tu.*). Der KL begrüßt einen KT: *Olá..., como estás?*. Der KT antwortet: *bem obrigado/a* und wenn er versucht, den KL nach seinem Befinden zu fragen, gibt dieser ihm vor: *e tu?*. Dies wiederholt der KL mehrmals mit verschiedenen KT, danach macht er zwei KT untereinander bekannt: *esta é..., este é...*. Nachdem auch noch *como te chamas?* eingeführt worden ist, wird diese Begrüßung in *Gruppen* geübt.

Hören/Lesen
vgl. Praktische Hinweise   2.1.2., S. 11

Bewußtmachung der Sprechintentionen und der Strukturen
An die Minidialoge 5, 6 und 7 schließt sich ein relativ umfassendes Strukturkästchen an, in dem die Strukturen der drei Dialoge zusammengefaßt sind. Evtl. bietet es sich auch an, von der entsprechenden Seite im Grammatikanhang im hinteren Teil des Buches eine OHP-Folie anzufertigen, an der den Teilnehmern einige Strukturen in der Übersicht nochmals vorgestellt werden.

Actividades 4–7
Die *Actividades* dienen dazu, die drei verschiedenen Anredeformen, wie sie in den Dialogen 5, 6 und 7 vorgestellt wurden, zu verdeutlichen und einzuüben. Bei der *Actividade 7* kann aus den Satzelementen auch ein Domino erstellt werden (s. 2.1.3.)

Mögliche Lösungen zu *Actividade 7*:
Chamo-me Clara Nunes e o senhor?
Quem é a Sra. D. Clotilde?
Muito prazer, sou a Lina Rocha.
Como está minha senhora?
Como vai o Manuel?
Então, adeus Claudia.
Olá, como te chamas?
Estou mais ou menos e tu?

Zusatzmaterialien zu Unidade 1
Einsetzübung
Setzen Sie den bestimmten Artikel dort ein, wo es notwendig ist!

1. – ...senhor é... Sr. Cardoso? – Sou sim.
2. – Como está, ...Sr. Cardoso? – Bem, obrigado e... senhora?
3. – Bom dia, ...menina. Como vai? – Mais o menos e ...senhor?
4. – Olá... Carlos, como está? – Bem e... Manuela?
5. – Este é... Carlos? – Não, este é ...Jorge.
6. – Chamo-me... Claudia Nunes. – Ah! muito prazer.
7. – ...menina é... Sílvia? – Não sou... Sílvia.

Tips
Der KL kann anregen, daß die KT ihre Telefonnummern austauschen. Dadurch können die KT:
– sich anrufen und telefonisch auf portugiesisch begrüßen und nach dem Befinden fragen (in ihrer Freizeit),
– später können die Gesprächsinhalte erweitert werden,
– der Informationsaustausch zwischen den KT wird gefördert.

Im allgemeinen gilt es, eine außerschulische Arbeitsgruppenbildung zu fördern.

Überblick über Unidade 2

Minidialog/ Kurztext	Situation/Thema	Fertigkeiten	Kommunikative Lernziele	Strukturen
1	am Strand treffen sich 4 Personen	Hörverstehen/ Sprechen	Herkunftsorte erfragen und angeben	*donde és…?, donde é…? sou de…, é de…, ser: sou, és, é*
2	die Lage von verschiedenen Sehenswürdigkeiten erfragen	Hörverstehen/ Sprechen	sich erkundigen, in welcher Stadt sich bestimmte Sehenswürdigkeiten befinden und die Ortsangaben machen	*onde fica…? fica em…, fica no…*
3	zwei junge Leute lernen sich kennen	Hörverstehen/ Sprechen	Herkunftsorte erfragen und angeben, nach dem Wohnort fragen und darauf antworten, die Gründe für den Aufenthalt erfragen und nennen	*moro em…, o que fazes aqui…? estou a + Infinitiv*
4	Telefongespräch zwischen Fremden	Hörverstehen/ Sprechen	sich am Telefon melden und darauf reagieren, sich vergewissern, wer am Apparat ist, Begrüßung und Nachfrage, wo der Anrufer sich befindet	
5	Zwei Unbekannte lernen sich kennen	Hörverstehen/ Sprechen	nach der Nationalität fragen, den Herkunftsort angeben, nach der Tätigkeit fragen und darauf antworten, ein Kompliment machen	Adjektive im Singular

UNIDADE 2

Hilfsmittel/Materialien
- Große Landkarte Portugals und der Bundesrepublik.
- Fotos von Porto, Lissabon, Beja

Hinweis
In dieser *Unidade* werden nur die Nationalitätenadjektive eingeführt, nicht die Ländernamen. Sollte es sich im Unterricht ergeben, können sie ergänzt werden. Zur Einführung und Einübung eignet sich eine Folie mit den Umrissen der Länder Europas.

Vorschläge zur Gestaltung des Unterrichts
Diese und alle folgenden *Unidades* enthalten neben den Minidialogen auch Hör- und Lesetexte. Für die Bearbeitung dieser Texte vgl. auch die Praktischen Hinweise, 2.1.2., S. 11.

---
1. **Minidialog**
   Situation/Thema: am Strand treffen sich 4 Personen
   Fertigkeiten: Hörverstehen/Sprechen
   Kommunikative Lernziele:
   Herkunftsorte erfragen und angeben
   Strukturen: *Donde és...?*,
   Donde é...?, sou de..., é de..., ser: sou, és, é

Erarbeitung des 1. Minidialogs
Einführung (mit geschlossenen Büchern)
Plenum
Der KL sagt: *Sou de...* und deutet auf der Karte auf seinen Herkunftsort. Danach fragt er einen KT: *donde é o senhor/a senhora Dona?* und hilft bei der Antwort. Dies wiederholt er mehrmals.
Zur Einführung des Unterschieds zwischen Städten, die mit und solchen, die ohne Artikel verwendet werden, empfiehlt es sich, die Städte, die ohne Artikel verwendet werden, mit dickem blauem Filzstift auf ein DIN A4-Blatt zu schreiben, *Porto* und *Rio de Janeiro* dagegen rot hervorzuheben. Der KL der Gruppe zeigt die Blätter und übt den Unterschied zwischen: *sou de...* und *sou do...* ein.

Wiederholen Sie dies mehrmals in der Sie-Form. Anschließend fragen Sie: *Donde é você?*. Wenn zwei KT aus dem gleichen Ort stammen, *também* einführen.
Anschließend diese Strukturen im Plenum zwischen den KT einüben lassen.

Hören/Lesen
vgl. die Praktischen Hinweise 2.1.2., S. 11.

Bewußtmachung der Sprechintentionen und der Strukturen
Landeskundliche Hinweise
Porto (ca. 500 000 E.) ist nach Lissabon die zweitgrößte Stadt Portugals und das bedeutendste Handels- und Industriezentrum des Nordens. Im Vergleich zu Lissabon hat Porto wenige großzügig angelegte Prachtstraßen, Paläste und Parks aufzuweisen. Viele Häuser und Straßen „kleben" stufenförmig an den steil emporstrebenden Uferhängen des Rio Douro. An der Uferstraße des Vororts Vila Nova de Gaia befinden sich die weltberühmten Portweinkellereien. Geschichte: Der Name Portugals leitet sich von zwei römischen Gründungen im heutigen Porto ab. Dem „Portus" (Hafen) sowie der eigentlichen Ansiedlung „cale" (etwa: angenehm, lieblich). Daraus wurde zunächst Portucale und schließlich Portugal.
Lissabon (ca. 1 Million E., einschließlich der Barackensiedlungen am Stadtrand ca. 1,8 Millionen E.) ist die attraktivste Stadt Portugals, nicht nur für Touristen, sondern auch für die Einheimischen, da sie das kulturelle, politische und wirtschaftliche Zentrum des Landes bildet. Bereits vor 3000 Jahren von den Phöniziern am nördlichen Ufer des Rio Tejo gegründet, entwickelte sich Lissabon unter römischer und maurischer Herrschaft über die Jahrhunderte hinweg. Seit 1260 ist sie die portugiesische Hauptstadt. Im Zeitalter der Entdeckungen (15./16. Jahrhundert) erlebte Lissabon einen gewaltigen Aufschwung. Das verheerende Erdbeben von 1755 zerstörte die Stadt zu 2/3, die dann aber sehr gründlich und geplant vom Marques de Pombal wieder aufgebaut wurde. Neben Portugiesen wandern

heute auch zunehmend die Bewohner der ehemaligen Kolonien in die Hauptstadt.
Faro: Die Hauptstadt der Provinz Algarve und wichtigstes Zentrum Südportugals erhält einen Teil ihrer wirtschaftlichen Bedeutung aus dem Flughafen, über den eine Vielzahl der Touristen in den Süden einreist. Mehr noch als in Lissabon zerstörte das Erdbeben von 1755 die Spuren der verschiedenen Kulturen, die einst in Faro lebten.

---

2. Minidialog
Situation/Thema: Die Lage von verschiedenen Sehenswürdigkeiten erfragen
Fertigkeit: Hörverstehen/Sprechen
Kommunikative Lernziele: sich erkundigen, in welcher Stadt sich bestimmte Sehenswürdigkeiten befinden und die Ortsangabe machen
Strukturen: *Onde fica...?, fica em..., fica no...*

Hinweis: Die DIN A4-Blätter mit den Städtenamen aus Dialog 1 können wieder verwendet bzw. um die fehlenden Städte ergänzt werden, um den Unterschied zwischen *em* und *no* einzuführen.
Weitere Unterrichtsschritte wie in den vorangegangenen Einheiten.

---

3. Minidialog
Situation/Thema: zwei junge Leute lernen sich kennen
Fertigkeiten: Hörverstehen/Sprechen
Kommunikative Lernziele: Herkunftsort erfragen und angeben, nach dem Wohnort fragen und darauf antworten, die Gründe für den Aufenthalt erfragen und nennen
Strukturen: *moro em..., o que fazes aqui...? estou a + Infinitiv*

Erarbeitung des 3. Minidialogs
Einführung (mit geschlossenen Büchern)
KL beginnt: *eu chamo-me..., sou de..., mas moro em...*
Zeichnen Sie ein Haus zur Verdeutlichung von *moro*. Einüben wie bekannt.
KL wiederholt: *moro em Hamburgo* und mit Hilfe der Mimik sagt er: *Estou aqui a trabalhar na VHS.* KL fragt KT: *O que fazes em Hamburgo?* Der KL hilft bei der Antwort. So führen Sie die Redemittel (*estou aqui de férias, a trabalhar, a aprender, a falar*) ein.
Weitere Übungsschritte folgen wie bekannt.

---

4. Minidialog
Situation/Thema: Telefongespräch zwischen Fremden
Fertigkeiten: Hörverstehen/Sprechen
Kommunikative Lernziele: sich am Telefon melden und darauf reagieren, sich vergewissern, wer am Apparat ist, Begrüßung und Nachfrage, wo der Anrufer sich befindet
Strukturen: keine

Hinweis: die plastische Darstellung des Gespräches ist sehr wichtig, dann können die Teilnehmer auch ohne Vokabelerklärungen folgen.

Landeskundliche Hinweise
In Portugal meldet man sich am Privattelefon nicht mit dem Namen, sondern mit *estou* oder *está lá.* Der Anrufer reagiert ebenfalls mit *estou* oder *está lá.* Erst danach nennt er seinen Namen bzw. trägt er sein Anliegen vor.

---

5. Minidialog
Fertigkeiten: Hörverstehen/Sprechen
Kommunikative Lernziele: sich kennenlernen, nach der Nationalität fragen, den Herkunftsort angeben, nach der Tätigkeit fragen und darauf antworten, ein Kompliment machen
Strukturen: Adjektive im Singular

Zur Einführung der Redemittel beginnt der KL (falls er Portugiese ist):
KL: Eu sou português. Na Alemanha eu sou «estrangeiro».
KL/KT: E você? É estrangeiro aqui?
KT: Não.
KL: Eu sou português.
KL/KT: E você?
KT (mit Hilfe): Eu sou alemão.
KL: E tu? E a senhora? KT antworten.
KL: O que fazes aqui?
KT (mit Hilfe): Estou aqui a aprender português. Im *Plenum* üben, anschließend die KT untereinander.
Kopieren Sie die Illustration aus dem Buch auf Folie und verdeutlichen Sie damit die Situation, bevor Sie den Text über Hörverstehen präsentieren.
Zur Einführung der Nationalitätenadjektive die Begriffe auf DIN A4-Blätter schreiben (maskuline und feminine Form). Der Gruppe zeigen und fragen: *Você é inglesa?* KT: *Sim, sou inglesa.* Anschließend zwei Blätter gleichzeitig hochhalten: *Você é inglesa?* KT: *Não, eu sou espanhola.* Sobald die KT relativ sicher antworten, die Blätter in der Lerngruppe verteilen; die KT fragen untereinander in kleinen Gruppen.
Zur Einübung bietet sich auch ein Domino mit Substantiven und Nationalitätenadjektiven an, die einander zugeordnet werden müssen, s. 2.1.3., S. 13.

Compreensão auditiva: No café
Einführung
Der KL stimmt die Lerngruppe auf die Situation ein: Das Café ist voll, nur bei einem jungen Mann befindet sich noch ein freier Platz. Eine Ausländerin betritt das Café und fragt den jungen Mann (jetzt werden die unbekannten Begriffe erläutert): *Este lugar está livre?*
KL spielt die beiden Rollen vor. Für das weitere Vorgehen s. die *Actividades* im Lehrbuch und die Praktischen Hinweise 2.1.3, S. 13.

Cambridge School, CIAL: Sprachschulen in Lissabon
Feira Popular: Jahrmarkt

Zusatzmaterialien zu Unidade 2
Umformungs- und Einsetzübungen
1. Formen Sie die nachfolgenden Sätze um, indem Sie das kursiv gesetzte Wort mit *é que* hervorheben!
Beispiel:
Desculpe, *como* se chama?
Desculpe, *como é que* se chama?
1. *Quem* mora em Wandsbek?
   Tu moras em Wandsbek?
   Não, eu moro em Berne.
2. *Onde* está o João?
   O João está no Porto.
3. *Quem* estuda português?
   Você estuda português?
   Não, eu estudo francês.
4. *Quem* telefone, eu ou tu?
   Eu telefono.

2. Setzen Sie die fehlenden Verben ein!
Chamar-se
1. Ela _____ Paula.
2. Como é que tu _____ ?
3. Eu _____ Inês.
4. Como é que ele _____ ?

Ser
5. Tu _____ a Paula?
6. Quem _____ o Roberto?
7. Tu _____ a Inês?
   Não, não _____
   Eu _____ a Rosa.

Estar
8. Como _____ Sr. Marques?
9. Olá Inés, como _____ ?
10. Ele não _____ bem.

Domino
Nähere Erläuterungen wie man ein Domino erstellt und wie es gespielt wird s. unter 2.1.3., S. 13

1. Vorlage
Fügen Sie die einzelnen Teile zu sinnvollen Sätzen zusammen!

Donde	é	a Sra. D. Teresa?
Donde	é	o senhor?
Ana,	donde	és?
Donde	é	você?
A Paula	não é	do Porto?
Tu	não és	de Hamburgo?
Donde	é	ele?

2. Vorlage
Suchen Sie zu jeder Frage die passende Antwort!

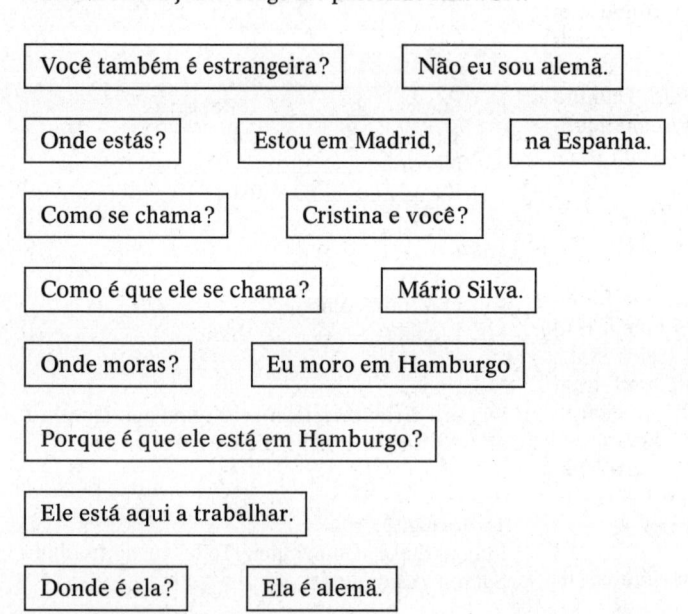

Você também é estrangeira?   Não eu sou alemã.

Onde estás?   Estou em Madrid,   na Espanha.

Como se chama?   Cristina e você?

Como é que ele se chama?   Mário Silva.

Onde moras?   Eu moro em Hamburgo

Porque é que ele está em Hamburgo?

Ele está aqui a trabalhar.

Donde é ela?   Ela é alemã.

Überblick über Unidade 3

Minidialog/ Kurztext	Situation/Thema	Fertigkeiten	Kommunikative Lernziele	Strukturen
1	Auf der Straße	Hörverstehen/ Sprechen	vorschlagen, ins Café zu gehen, annehmen, ablehnen	*ir*: *vamos* + Infinitiv, *vamos a* + Substantiv
2	Im Café	Hörverstehen/ Sprechen	Wünsche erfragen, äußern	*tomar, beber, preferir*: Präsens, Singular und Plural, Subjektpronomen: *vocês*, unbest. Artikel: *um, uma*
3	Zahlen			Grundzahlen 1–99
4	Im Café	Hörverstehen/ Sprechen	etwas bestellen	Substantiv: Singular und Plural
5	Zahlen			Grundzahlen ab 100
6	Im Café	Hörverstehen/ Sprechen	jdn. ansprechen, sich erkundigen, welche Speisen angeboten werden, Wünsche erfragen und äußern, eine Bestellung aufgeben	*querer: queria, queríamos, ter, ser*

UNIDADE 3

Anmerkung
Ab jetzt werden die einzelnen Unterrichtsschritte nicht mehr ausführlich behandelt. Orientieren Sie sich gegebenenfalls an der 1. und 2. *Unidade* und an den Praktischen Hinweisen (s. 2.1.3., S. 13)

Hilfsmittel/Materialien
Realien (Originale), Bilder, Fotos, Werbebilder von Getränken und Speisen.

Vorschläge zur Gestaltung des Unterrichts
Die Einstimmung der Teilnehmer auf diese *Unidade* erfolgt, indem der KL einen Erfahrungsaustausch zum Thema „Café" in Portugal einleitet, z. B. wohin geht man in Portugal, wenn man unterwegs etwas trinken möchte?, wo treffen Portugiesen ihre Freunde?. Im Anschluß daran gibt der KL zusätzliche landeskundliche Informationen über die Rolle des Cafés in Portugal (s. u.).
Um das Vokabular einzuführen, empfiehlt es sich, Realien, Bilder, Fotos aus Zeitschriften, z. B. Werbebilder für Getränke, Kuchen, Imbisse etc. mit in den Unterricht zu bringen. Anhand dieser Materialien lassen sich anschaulich die Dialoge einführen und einüben. Die Medien sollten soweit wie möglich aus Portugal stammen, um den KT schon im Unterricht einen konkreten Eindruck z. B über die Getränke des Landes zu geben. Aus praktischen Gründen empfiehlt es sich, die Bilder auf DIN A4-Blätter zu kleben und in eine Klarsichthülle zu stecken. Langfristig entsteht dadurch eine vielfältige Bildersammlung, die jederzeit zur Wiederholung von Vokabeln/Strukturen eingesetzt werden kann. Sie können eine neue Zusammenstellung der Bilder für kreative Zusatzübungen entwerfen. Achten Sie bei der Auswahl solcher Realien allerdings darauf, daß der KT in bezug auf Wortschatz und Strukturen nicht überfordert wird.
Den abgebildeten Gegenständen können Preisangaben zugeordnet werden, so daß der KT die Ware und den Preis benennen muß.
Des weiteren kann der KT die Bilder zu einer Bildergeschichte verknüpfen oder aus einem Bild eine Geschichte entwickeln.

Um die Preise und Gegenstände einzuüben, bietet sich ein Spiel mit Informationsgefälle (s. 2.1.3., S. 13) an.
Zum Einüben der Zahlen bestehen mehrere Möglichkeiten:
– der KL diktiert Zahlen, die KT schreiben sie mit. Anschließend schreibt der KL zur Kontrolle die von ihm diktierten Zahlen an die Tafel.

– Bingo
Im Handel (Spielwarengeschäft, Spielwarenabteilung großer Kaufhäuser) ist das Bingo-Spiel erhältlich. Es eignet sich hervorragend, das Verstehen von Zahlen zu üben. Der KL kann die Rolle des Spielleiters auch an die KT abtreten.

– Telefonspiel
Bei diesem Spiel werden nicht nur die Zahlen geübt, sondern auch kurze Dialoge der *Unidades* 1 und 2 wiederholt. Vor Beginn des Spiels sollten nochmals die Zahlen und für den Dialog wichtige Strukturen den Teilnehmern ins Gedächtnis gerufen und evtl. geübt werden (beachten Sie bitte die Kriterien für Rollenspiele s. 2.1.3.). Geben Sie den KT Zeit, sich auf das Telefonat vorzubereiten. Verteilen Sie dann der Länge nach gefaltete DIN A4-Blätter an die KT. Diese beschriften jeweils ein Blatt mit großen, gut lesbaren Zahlen, falten es und stellen es vor sich auf. Ein KT liest laut eine dieser Nummern vor und der „angewählte" KT beantwortet den Anruf. Es empfiehlt sich, daß die KT die Rufnummern, die sie anwählen wollen, notieren, damit sie nicht im Augenblick des Telefonats in Richtung des KT sehen müssen, den sie anrufen wollen. Sonst weiß dieser, daß er angesprochen ist, ohne die Zahlen verstanden zu haben. Desweiteren kann man die Telefonierenden bitten, einander den Rücken zuzudrehen, um die Situation noch realistischer zu gestalten. Normalerweise sieht man sich beim Telefonieren auch nicht.
Dieses Spiel kann auch in Gruppen gespielt werden (ca. 5 Personen). Die Teilnehmer erhalten kleine Zettel, auf denen sie ihre Telefonnummer eintragen. Die Zettel werden eingesammelt (innerhalb der Gruppe), gemischt

und neu verteilt. Jeder KT ruft die Nummer an, die er gezogen hat.
Mit Hilfe dieses Spiels lassen sich folgende Sprechintentionen wiederholen:
- einen Anruf beantworten, grüßen, nach dem Befinden fragen, eine Einladung aussprechen (*vamos ao cinema?*), annehmen, ablehnen.
Für das Telefonat wäre auch folgende Situation denkbar:
Ein Deutscher, der sich vorübergehend in Frankreich aufhält, ruft seinen portugiesischen Freund in Portugal an. Ausgehend von dieser Rahmenhandlung lassen sich die folgenden Sprechintentionen wiederholen:
- grüßen, der portugiesische Freund erkundigt sich nach dem Aufenthaltsort seines Freundes, er wundert sich, was der Freund in Frankreich macht. Der Freund gibt Auskunft und fragt zurück, was der andere macht.
Zur *Wiederholung der Verben* kann ein Würfelspiel eingesetzt werden (s. 2.1.3.). Mögliche Vorgaben für das Lernspiel: *morar em Hamburgo, tomar uma bica, beber uma cerveja, preferir leite, ser alemão, ter sede*.

Landeskundliche Hinweise
Im Unterschied zu Brasilien, aber auch der Bundesrepublik sind Cafés in Portugal weit verbreitet. Hier trifft man sich gerne mit Freunden und Bekannten; früher bereiteten sich die Studenten vorzugsweise im Café auf ihre Prüfungen vor. In den Zentren der Großstädte werden die traditionellen Cafés mit vielen Sitzplätzen immer stärker von Snackbars verdrängt. In ihrem Angebot unterscheiden sich die Cafés z. T. deutlich voneinander. Manche führen nur Getränke und Imbisse, andere bieten komplette Mahlzeiten. Unter „café" (auch bica) wird in Portugal ein Espresso verstanden. Dazu trinken gerade die Männer einen „bagaço", ein Tresterschnaps, der aus den Abfällen bei der Weinherstellung gewonnen wird.
Zur *cerveja em copo* sagt man auch *Imperial* oder *Fino*.

Zusatzmaterial
Einsetzübungen
1. Vervollständigen Sie die Sätze mit den richtigen Verbformen und Präpositionen!

ser
1. Eu _____ Porto e tu?
2. _____ Lisboa.
3. Donde _____ João?
4. Ele _____ Lisboa.

estar
5. Ana _____ Brasil.
6. O Sr. Souza _____ Portugal.
7. Ela _____ Alemanha.

morar
8. Eu _____ Hamburgo
9. E tu onde _____ ?

fazer
10. Eu _____ o café.
11. E tu o que _____ ?
12. Ele também _____ alguma coisa?

2. Welches Fragewort ist einzusetzen?
1. _____ é a Sra. D. Margarida?
2. _____ faz ela em Hamburgo?
3. _____ estás? Estás bem?
4. _____ é o Mário?
5. _____ trabalha a Maria?

Lieder
Schon im Anfangsunterricht ist es sinnvoll, den KT einfache portugiesische Lieder, am besten mit einem gewissen Bezug zum Unterricht, vorzustellen und möglichst auch mit ihnen zu singen (s. auch 2.1.3.).
Zu dieser *Unidade* paßt gut „Ó malhão, malhão"
Text:

Ó malhão, malhão,
Que vida é a tua?

Comer e beber,
Ó tirim-tim-tim,
Passear na rua.

Ó malhão, malhão,
Malhão de Lisboa,

Sempre a passear,
Ó tirim-tim-tim,
Ai, a vida é boa.

Überblick über Unidade 4

Minidialog/Kurztext	Situation/Thema	Fertigkeiten	Kommunikative Lernziele	Strukturen
1	Werbetext: Urlaub in Familien	Leseverstehen		
2	Im Hotel	Hörverstehen/Sprechen	sich nach einer Unterkunft erkundigen	*querer, haver*
3	Im Hotel	Hörverstehen/Sprechen	sich nach einer Unterkunft erkundigen	*ter*
4	Im Hotel	Hörverstehen/Sprechen	Uhrzeiten der Mahlzeiten erfragen	*a que horas?*, *poder* + Infinitiv
5	Auf der Straße	Hörverstehen/Sprechen	nach der Uhrzeit fragen	*que horas são? são...*
6	Im Hotel	Hörverstehen/Sprechen	telefonieren	*poder, querer,* Ländernamen mit *para, de* und *em*
7	Im Hotel	Hörverstehen/Sprechen	sich über das Zimmer beschweren, ein anderes verlangen und den Wunsch rechtfertigen, das Zimmer beschreiben	Adjektive im Singular und Plural *estar; está*
8	Anzeigen: Vermietung von Häusern und Wohnungen	Leseverstehen		

UNIDADE 4

Hilfsmittel/Materialien
- Landkarte Portugals
- Originalprospekte
- selbst gebastelte oder gekaufte Spielzeuguhr

Vorschläge zur Gestaltung des Unterrichts
Der KL bringt eine Landkarte Portugals mit in den Unterricht bzw. zeichnet die groben Umrisse des Landes an die Tafel. Er deutet auf Alcobaça und auf Lisboa und sagt: *Alcobaça fica mais ou menos a 100 km de Lisboa* oder *Alcobaça está situada a 100 km de Lisboa. Alcobaça está perto de Lisboa.* Um die Bedeutung von *perto* eindeutig zu machen, hebt er hervor: *Porto não está perto de Lisboa.*
Schwierige Wörter wie *apreciar, simplesmente, gozar o sol, radioso, nossa terra* werden übersetzt. Anhand einer Skizze an der Tafel oder mit einer OHP-Folie werden die verschiedenen Räumlichkeiten erklärt (*um pequeno bar, sala de estar, sala de jantar, quarto de casal*). Die weiteren kurzen Dialoge nach dem bekannten Muster einführen.
Vor der Bearbeitung von *Activdade 2* kann ein Spiel mit Informationsgefälle (für die Durchführung s. 2.1.3.) eingesetzt werden. Damit wird nochmals das Vokabular für einen Hoteldialog geübt. KT 1 und KT 2 erhalten je ein Arbeitsblatt mit Angaben zu Hotels (ähnlich wie im Buch, evtl. ausführlicher, z. B. mit Preisen). Beide Arbeitsblätter sind nicht ganz vollständig und KT 1 hat Informationen, die KT 2 braucht und umgekehrt. Beide fragen sich gegenseitig, tragen die Antworten in ihre Arbeitsblätter ein und vergleichen anschließend, ob sie alles richtig verstanden haben.
Zum Üben der alten und neuen Verben eignet sich die Übung zur Automatisierung der Verbformen und das Würfelspiel (s. 2.1.3.). Neue Verben: *ter, poder, ser, alugar, telefonar, procurar.* Beim Würfelspiel können Sie auch die folgenden Sätze vorgeben: *ser alemão, poder telefonar, querer um quarto duplo, preferir um quarto com banho, ter as chaves, estar em casa.*

Actividade 7
Die Sätze können als Vorgabe für kleine Rollenspiele in Partnerarbeit dienen, z. B. Satz 1: KT 1 übernimmt die Rolle des Kellners, KT 2 die Rolle des Kunden. Beide entwickeln einen kleinen Dialog.

Landeskundliche Hinweise
Turismo de habitação: Es handelt sich dabei um eine neuere Art des Tourismus. Die Touristen/Gäste erhalten die Gelegenheit, am Familienleben des Gastgebers teilzunehmen, z. B. die Mahlzeiten gemeinsam einzunehmen oder den Abend mit dem Gastgeber zu verbringen. Es besteht auch die Möglichkeit, sich stärker abzugrenzen.
Der authentische Werbetext im Lehrbuch schildert die Vorteile dieser neuen Urlaubsform. Das beschriebene Haus liegt in der Nähe dieser bekannten Orte.
Alcobaça: Die Ortschaft liegt in Mittelportugal, in der Provinz Estremadura, ca. 100 km nördlich von Lissabon. Alcobaça ist bekannt wegen der stadtbeherrschenden Klosterkirche Nossa Senhora da Assunção (1178–1222 erbaut), eines der bedeutendsten Baudenkmäler der europäischen Frühgotik. Sie gehörte zu einer Klosteranlage von Zisterzienser-Mönchen. Aus Alcobaça stammt die portugiesische blaue Keramik, bekannt unter dem Namen „Louça de Alcobaça".
Nazaré: ehemals ein malerischer, verträumter Fischerort, gehört Nazaré heute zu den bekanntesten und am meisten besuchten Badeorten der portugiesischen Westküste.
Batalha: liegt in Mittelportugal, ca. 80 km südwestlich von Coimbra. Der Ort steht als Symbol für die Unabhängigkeit Portugals von Spanien. Ende des 14. Jh. besiegten die Portugiesen in der Nähe von Batalha (die Übersetzung des Ortsnamens lautet „Schlacht") die eingedrungenen Kastilier und erlangten so ihre Unabhängigkeit von Spanien. Daraufhin ließ König Dom João I zu Ehren Marias eine der größten Klosterkirchen der iberischen Halbinsel errichten. Wegen fehlender qualifizierter Arbeitskräfte und finanzieller Mittel ist der Bau der „unvollendeten Kapelle" bis heute nicht abgeschlossen.
contos: um conto entspricht 1000 escudos.

Telefonieren
Das Telefonwesen in Portugal ähnelt sehr dem in der Bundesrepublik: *Chamada local* = Ortsgespräch, *chamada interurbana* = Ferngespräch und *chamada internacional* = internationales Gespräch. Ein Unterschied besteht darin, daß die Kreditkarte (*credifon*) für das bargeldlose Telefonieren in touristischen Gebieten bereits sehr verbreitet ist. Sie ist erhältlich bei der Post und gelegentlich auch in Zeitungsläden.

Zusatzübungen
Rollenspiele
Ziel: Wiederholung und Anwendung des bisher gelernten Stoffes.

1. Situation: Sie wohnen in einem Mietshaus und hören jemanden im Treppenhaus Portugiesisch sprechen. Sie möchten mit dieser Person Kontakt aufnehmen. Entwickeln Sie einen Dialog zu zweit, indem Sie:
– grüßen
– sich bestätigen lassen, ob er im Haus wohnt
– sich vorstellen
– ihn zu einem Glas Wein einladen
– sich verabschieden.

Der Partner muß entsprechend reagieren. Beide sollten die Rolle möglichst phantasievoll ausfüllen.

2. Situation: Sie sind im Urlaub in Portugal und rufen Ihre portugiesischen Freunde vom Hotel aus an. Die Freunde fragen:
– nach der Lage des Hotels,
– ob Sie zufrieden/unzufrieden mit dem Hotel sind
– ob Sie Vollpension haben oder nicht
Dann laden die Freunde Sie ein und Sie verabreden einen Treffpunkt und die Uhrzeit.

Spiel mit Informationsgefälle
Ziel: Uhrzeiten erfragen und nennen
Sozialform: Partnerarbeit
KT 1 erhält Arbeitsblatt A, KT 2 erhält Arbeitsblatt B. Sie fragen sich gegenseitig, um die fehlenden Angaben zu ergänzen bzw. die Spalte für Ihren Partner auszufüllen. Der KL sollte vor Beginn der Partnerarbeit ein oder zwei Beispiele mit den KT durchspielen, um sicherzustellen, daß die Aufgabe verstanden wurde und die KT die korrekten Fragen stellen.

A	o Sr. Costa	a Inês	o seu colega
tomar o pequeno almoço	🕗	🕐	🕐
almoçar	🕐	🕐	🕐
jantar	🕐	🕐	🕐
ir para a cama	🕐	🕐	🕐

Fragen Sie Ihren Partner/Ihre Partnerin! Zeichnen Sie die Antworten in die leeren Uhren!

B

	o Sr. Costa	a Inês	o seu colega
tomar o pequeno almoço			
almoçar			
jantar			
ir para a cama			

Fragen Sie Ihren Partner/Ihre Partnerin! Zeichnen Sie die Antworten in die leeren Uhren!

Überblick über Unidade 5

Minidialog/Kurztext	Situation/Thema	Fertigkeiten	Kommunikative Lernziele	Strukturen
1	Auf der Straße	Hörverstehen/Sprechen	nach Verkehrsverbindungen fragen	*qual é* *para* + Ortsangabe *saber*
2	An einer Fahrkartenverkaufsstelle	Hörverstehen/Sprechen	Fahrkarten kaufen	
3	Im Transportmittel	Hörverstehen/Sprechen	sich erkundigen, wo man aussteigen muß	*ter que* + Infinitiv Ordnungszahlen (z.B. *na primeira paragem*)
4	Auf der Straße	Hörverstehen/Sprechen	sich nach Geschäften, Restaurants etc. erkundigen und Ortsangaben machen, sich bedanken	*haver: há* *em* + Ortsangabe Ortsadverbien (z.B. *à esquerda*)
5	Auf der Straße Bei der Post	Hörverstehen/Sprechen	sich nach Geschäften, Restaurants etc. erkundigen und Ortsangaben machen, Briefmarken kaufen, sich bedanken	Ortsadverbien (z.B. *em frente de, ao lado de*)
6	Auf der Straße	Hörverstehen/Sprechen	nach dem Weg fragen, den Weg erklären, sich bedanken	Verben zur Wegbeschreibung in 3. Person Sg. u. Pl. Präsens mit Präposition

UNIDADE 5

Hilfsmittel/Materialien

Aus Prospekten und Zeitschriften, auch deutschen, lassen sich viele Materialien (Fotos) gewinnen. Wünschenswert sind möglichst großformatige Bilder oder Fotos der erwähnten Sehenswürdigkeiten und Transportmittel. Sie dienen zur Veranschaulichung und Einstimmung.
- übersichtlicher Stadtplan
- Original-Fahrkarten (*módulos*)

Vorschläge zur Gestaltung des Unterrichts

1. Minidialog

Bei der Einführung stellt der KL klar, daß in dem Satz: *é o 25* das „*o*" für *eléctrico* steht.
Für die Einübung der Strukturen bietet sich ein Lernspiel nach dem Prinzip des Informationsgefälles an (s. S. 13). Zu diesem Zweck kann der unter *Actividade 1* abgebildete Fahrplan kopiert werden. KT 1 und KT 2 erhalten je ein Arbeitsblatt mit den Angaben zu den Zielorten und Linien, jedoch sind die Arbeitsblätter nicht ganz vollständig. Dabei hat KT 1 Informationen, die KT 2 braucht und umgekehrt. Beide fragen sich gegenseitig, tragen die Antworten in ihre Arbeitsblätter ein und vergleichen anschließend, ob sie alles richtig verstanden haben. Dieses Spiel läßt sich auch in der Großgruppe durchführen: Jeder KT erhält für ein Ziel die vollständigen Angaben und für ein oder mehrere Ziele muß er sie erfragen. Die KT stehen auf und sammeln bei den anderen Teilnehmern die notwendigen Informationen. Es kann mehrmals vorkommen, daß sie die Antwort *não sei* erhalten.

2. Minidialog

Zur Einstimmung s. die Informationen unter Landeskundliche Hinweise (s. S. 39).
Queria: Imperfektform von *querer*, wird hier als Höflichkeitsform verwendet.

4. Minidialog

Zur Einführung von „links" und „rechts" und zur Wiederholung der Ordnungszahlen empfiehlt es sich, einen einfachen Stadtplan selbst zu entwerfen (auf Folie, an der Tafel). Als Anregung dient die folgende Skizze:

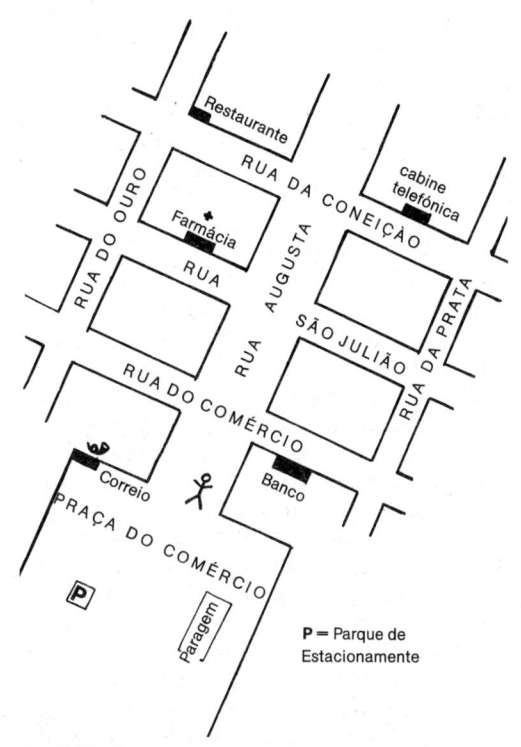

P = Parque de Estacionamente

Actividade 3

Bevor Sie die Arbeit mit dem Stadtplan beginnen, wiederholen Sie nochmals die bisher bekannten Redemittel, um nach dem Weg zu fragen und Ortsangaben zu machen, z. B.
aqui em frente
à esquerda/à direita
na primeira, na segunda
Stellen Sie eine Folie des Stadtplanes (s. Lehrbuch S. 58) her und üben Sie mit den KT am OHP die Wegbeschreibungen ein, indem Sie fragen (z. B: *há um hotel aqui perto*) und die KT antworten. Wenn die KT die Redemittel sicher verwenden, wird die Übung mit Hilfe des Stadtplanes im Buch in Partnerarbeit vertieft. Weisen Sie die KT darauf hin, daß sie ihren Standort auf dieser Karte verändern sollten, um die Wege auch aus einer anderen Perspektive zu beschreiben.

5. Minidialog

Führen Sie das neue Vokabular (*é longe, ao*

lado de, a pé) mit Hilfe des Stadtplanes von A3 ein.

6. Minidialog
Hilfreich ist eine Skizze an der Tafel, um die neuen Begriffe zu verdeutlichen: s. Strukturkästchen

Landeskundliche Hinweise
Briefmarken können außer bei der Post auch in Papiergeschäften gekauft werden.

Öffentliche Verkehrsmittel in Lissabon: Lissabon wird wegen seiner Topographie und Lage häufig mit San Francisco verglichen. Es ist daher nicht verwunderlich, daß in beiden Städten die Straßenbahnen eine wichtige Rolle spielten. Während sie heute in San Francisco weitgehend vom Individualverkehr verdrängt wurden und hauptsächlich nur noch eine Touristenattraktion darstellen, spielen sie in Lissabon eine wichtige Rolle im innerstädtischen Verkehr. In den engen steilen Straßen müßten die Busse kapitulieren. Hier schaffen es nur noch die Straßenbahnen, um die scharfen Kurven zu kommen. An ganz steilen Stellen überwinden Standseilbahnen den Höhenunterschied. Davon existieren noch drei in Lissabon. Hinzu kommt noch ein öffentlicher Aufzug, den Monsieur Eiffel konstruierte (siehe Foto S. 49 oben). Dieses Nahverkehrssystem weist zudem noch einen zusätzlichen Vorteil auf, den wir heute erst richtig schätzen lernen: es ist ausgesprochen umweltfreundlich.

Busse und Straßenbahnen müssen auch an Haltestellen durch Handzeichen angehalten werden. Der einzelne im Bus gelöste Fahrschein ist teurer, als eine Zehner- (*caderneta de dez*) bzw. Zwanzigerkarte (*caderneta de vinte*), die im Papiergeschäft bzw. an besonderen Verkaufsstellen erhältlich ist.

24 de Junho: Die kürzeste Nacht des Jahres wird von den sonst eher zurückhaltenden Bewohnern Portos ausgelassen als Volksfest gefeiert. Das Fest entstand aus heidnischer Tradition (Sonnwendfest) und erhielt dann einen christlichen Sinn als Feiertag des Hl. Johannes. Es wird in Porto seit dem 14. Jahrhundert gefeiert. In dieser geheimnisvollen Nacht ist man auf manche Wunder gefaßt: Feuer und Tau, das Wasser der Quellen, der Flüsse und des Meeres, Kräuter (u. a. Majoran), bestimmte Gegenstände und Riten besitzen in dieser Nacht eine besondere Kraft, die fast immer der Gesundheit, Schönheit und dem Liebesglück dient.

Eine Menschenmenge drängt sich bis zum Morgengrauen in den geschmückten Straßen, man berührt sich mit dem *alho porro,* blühenden Knoblauchstengeln, man tanzt, singt und trinkt, Johannisfeuer flammen auf – und in einem allgemeinen Enthusiasmus fallen alle sozialen Schranken. Leider wird der *alho porro* zunehmend durch Plastik-Objekte ersetzt.

Zusatzmaterialien
Schriftliche Aufgabe am Ende von Unidade 5
Situation: Sie wohnen zu dritt in Lissabon. Sie haben verabredet, gemeinsam auf dem Markt einkaufen zu gehen, doch es fehlt eine Person. Da Sie es eilig haben, hinterlassen sie ihr eine Nachricht. In dieser Notiz steht:
– Sie beide gehen zuerst zur Post und danach zum Markt
– Sie beschreiben den Weg zum Markt.

Vorgabe von einigen Stichwörtern zur Wegbeschreibung möglich.

Wiederholung der Verbformen am Ende von Unidade 5
Entweder als Würfelspiel (s. 2.1.3.). Dazu können die folgenden Verbformen oder Sätze vorgegeben werden:

1. ir 〈 para casa / ao concerto no dia 29

2. ficar 〈 em casa / na casa do João

3. passar 〈 pela praça / pelo correio

4. gostar de 〈 andar a pé / bananas

5. atravessar a rua
6. poder ficar mais tempo
7. querer sair

Als weitere Möglichkeit bietet sich eine Satzschalttafel an.
Diese dient als Vorlage für eine schriftliche Übung.

eu	ir	em casa
João	ficar	para casa
os senhores	passar	ao concerto
		no dia 29
nós	atravessar	na casa do João
		pela praça
		pelo correio
		a rua

Die Aufgabe besteht darin, je einen Bestandteil aus den drei Spalten auszuwählen und daraus einen sinnvollen Satz zu bilden. Dabei müssen die Verbformen konjugiert werden.
Eu vou para casa.

Lernspiel zum Einüben der Wegbeschreibung

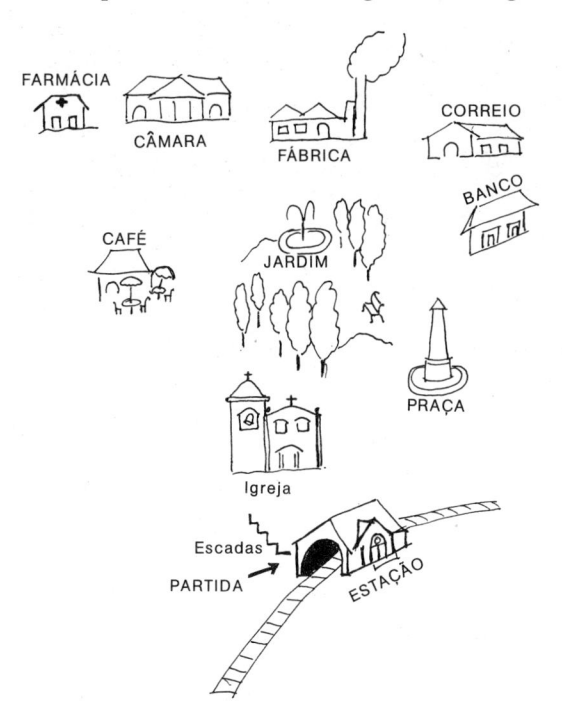

Die KT arbeiten in Partnerarbeit. KT 1 zeichnet in sein Arbeitsblatt einen Weg ein, wobei er bei „Partida" beginnt. Anschließend beschreibt er KT 2 den Weg, den dieser in sein Arbeitsblatt einträgt. (KT 2 darf die Skizze von KT 1 nicht einsehen.) Danach vergleichen die beiden ihre Zeichnung, um zu sehen, ob die Beschreibung richtig verstanden worden ist. Anschließend können zwei neue Arbeitsblätter verteilt werden und die KT wiederholen die Aufgabe, jetzt mit umgekehrten Rollen.

Die nachfolgenden Volkslieder sind in Portugal weit verbreitet. Zur Erarbeitung eines Liedes s. 2.1.3.

Lá vai o combóio

Lá vai o combóio lá vai
lá vai ele a assobiar
lá vai o meu rico amor
para a vida militar

Para a vida militar
para aquela triste vida
lá vai o combóio lá vai
leva pressa na subida.

Leva pressa na subida
leva pressa no andar
lá vai o combóio lá vai
para a vida militar.

Ó Laurindinha vem à janela

Ó Laurindinha vem à janela
Ó Laurindinha vem à janela

Vem ver teu amor,
ai! ai! ai! que ele vai pra guerra } bis

Se ele vai pra guerra } bis
deixai-o ir
É rapaz novo ai! ai! ai!
ele torna a vir ai! ai! ai! } bis

bis = Wiederholung der Zeile

Überblick über Unidade 6

Minidialog/Kurztext	Situation/Thema	Fertigkeiten	Kommunikative Lernziele	Strukturen
1	Gespräch zwischen Mutter u. Tochter	Hörverstehen/Sprechen	Besuch ankündigen, Gerichte vorschlagen, Einkaufsliste besprechen	Wiederholung von *ter que* + Infinitiv *faltar, é preciso* + Infinitiv *vir, fazer* nahe Zukunft: *ir* + Inf.
2	Beim Schlachter	Hörverstehen/Sprechen	Einkaufsgespräch führen	Mengenangaben machen, *dê-me*, absoluter Superlativ
3	Im Geschäft	Hörverstehen/Sprechen	Einkaufsgespräch führen	Mengenangaben machen, *dê-me*, absoluter Superlativ sich nach Preisen erkundigen
4	Auf dem Markt	Hörverstehen/Sprechen	Einkaufsgespräch führen unter besonderer Berücksichtigung der Qualität	Substantive im Plural Demonstrativpronomen
5	Kochrezept	Leseverstehen		Anweisungen im Infinitiv

UNIDADE 6

Hilfsmittel/Materialien

Aus Prospekten und Zeitschriften, auch deutschen, können die Fotos der Lebensmittel entnommen werden.

Vorschläge zur Gestaltung des Unterrichts

1. Minidialog

Der Einstieg in die *Unidade* erfolgt über den Tagesablauf der KT, z. B.:
Quando vai para o trabalho?
Quando vem do trabalho?
Quando janta à noite?
Come frio ou quente?
Die erwähnten Lebensmittel werden durch Fotos eingeführt.

Actividade 1

Sie können diese *Actividade* so bearbeiten lassen, wie im Buch angegeben. Etwas interessanter wird diese Übung, wenn Sie sie wieder nach der Art eines Spiels mit Informationsgefälle (s. 2.1.–3) bearbeiten lassen. Erstellen Sie dazu von dem Arbeitsblatt mit den Lebensmitteln (s. Lehrbuch S. 69) 2 Fotokopien. Auf der einen versehen Sie einige Lebensmittel mit Kreuzen, d. h. diese sind im Hause vorhanden. KT 1 erhält die Kopie mit den Kreuzen, KT 2 erhält die Kopie ohne Kreuze und fragt: *Temos pão em casa?* Diese Aufgabenstellung ist insofern interessanter für die KT, weil KT 2 wirklich die Informationen von KT 1 braucht, um sein Arbeitsblatt zu bearbeiten.

Actividade 4

Eine weitere Möglichkeit, diese *Actividade* zu bearbeiten, besteht in folgendem Spiel:
Der Kunde erhält eine Einkaufsliste, auf der die gewünschten Waren nur durch Bilder und Mengenangaben angegeben sind. Der Ladenbesitzer erhält für jedes Produkt ein Kärtchen und händigt es dem Kunden aus, wenn er danach gefragt wird. Man kann diese Übung auch in der Großgruppe durchführen. In dieser Situation verfügen die Ladenbesitzer nicht über alle Produkte und die KT müssen zu verschiedenen Geschäftsinhabern gehen, bis sie alle Produkte eingekauft haben.
Diese letzte Form bietet die Gelegenheit, die KT zu veranlassen, aufzustehen, was gerade in Abendkursen sehr anregend wirken kann.

Actividade 7

Diese Übung sollte den KT optisch im Klassenraum verdeutlicht werden, damit die räumlichen Unterschiede herausgestellt werden.

Actividade 10

Sie können die KT auffordern, für die nächste Stunde selbst einfache Rezepte auf portugiesisch zusammenzustellen und dann in der Klasse auszutauschen.

Landeskundliche Hinweise

Zur Compreensão auditiva: Im Unterschied zum Norden Europas spielt in der südlichen Küche, also auch in Portugal, das Olivenöl eine herausragende Rolle und nimmt die Stellung der Butter in der mitteleuropäischen Küche ein.

Früher war es in Portugal üblich, zwei warme Mahlzeiten (mittags und abends) zu Hause einzunehmen. Diese Gewohnheit verändert sich heute zunehmend. U. a. in den Großstädten ist es aufgrund der großen Entfernungen z. T. nicht mehr möglich, in der Mittagspause nach Hause zu fahren. Daher essen die Portugiesen nun verstärkt in Kantinen oder nehmen nur noch einen Imbiß (*o petisco*) ein.

Das portugiesische Nationalgericht ist der *Bacalhau* für den es hunderte von verschiedenen Zubereitungsarten gibt. War es früher eher ein Essen für arme Leute, so hat es sich mittlerweile zu einer sehr teueren Speise entwickelt. Der Kabeljau wird in den kalten Gewässern des Nordatlantiks gefischt (vor Kanada, Grönland, Island und Norwegen). Da früher Kühlmöglichkeiten fehlten, mußte er zur Konservierung in Salz eingelegt werden.

Zur Zeichnung S. 80: Es ist üblich, wie z. B. hier während einer Reise, das Mitgebrachte, bevor man es zu verzehren beginnt, den Mitreisenden anzubieten. Normalerweise reagieren sie mit: não obrigado, bom proveito.

Wiederholung der Verben

Zur Wiederholung empfiehlt sich wieder das

Würfelspiel s. 2.1.3. Mögliche Verben sind: *vir, ir, poder, querer, fazer*. Ebenso könnte man folgende Sätze vorgeben:
– ir jantar à casa da tia
– vir de Bremen à noite
– poder comprar alguma coisa
– fazer um bom bife.

Rollenspiele
1. Situation: Ein Journalist interviewt eine kleine portugiesische Touristengruppe (drei Personen), die seine Stadt besucht. Er fragt die einzelnen Gruppenmitglieder nach:
– Herkunft
– Anlaß des Aufenthaltes
– Eindrücke von der Stadt
– was sie heute machen
2. Situation: Sie haben Gäste aus Portugal, aber Sie arbeiten während des Tages. Beraten Sie Ihre Gäste, wie diese den Tag in Ihrer Stadt verbringen können. Die Gäste ihrerseits erkundigen sich z. B., wo sie preiswert und gut essen können. Die Ergebnisse können anschließend im Plenum vorgestellt werden.

Zusatzmaterial
Zur Erarbeitung von Liedern s. 2.1.3. Bei den Liedern „Azeitona miudinha" und „Oliveirinha da serra" handelt es sich um Arbeitslieder, die während der Olivenernte gesungen werden.

Alecrim
Alecrim alecrim dourado
que nasces no monte
sem ser semeado

Ai meu amor
quem te disse assim
que a flor do monte
é o alecrim

Alecrim alecrim aos molhos
por causa de ti choram
os meus olhos

ai meu amor...

Azeitona miudinha
Azeitona miudinha
apanhada uma a uma

estes rapazes d'agora
ó de rico tico tico
não têm vergonha nenhuma

Oliveirinha da serra
Oliveirinha da serra
o vento leva a flor

oai ó linda
só a mim ninguém me leva
oai ó linda
para ao pé do meu amor

Überblick über Unidade 7

Minidialog/Kurztext	Situation/Thema	Fertigkeiten	Kommunikative Lernziele	Strukturen
1	Erzählung eines Tagesablaufes	Lesen/Sprechen	Tagesablauf beschreiben, erzählen	Reflexivverben
2	Gespräch zwischen Kollegen	Hörverstehen/Sprechen	sich nach dem gestrigen Tag erkundigen	regelmäßiges Pretérito perfeito simples der Verben auf *-ar, -er, -ir fazer*: Pret. perf. simples
3	Gespräch zwischen Männern	Hörverstehen/Sprechen	sich über den vergangenen Urlaub unterhalten	Pretérito perfeito simples: unregelmäßige Verben Possessivpronomen
4	Kurzbiographie von Fernando Pessoa	Leseverstehen	Lebenslauf darstellen, über sich selbst berichten, sich nach vergangenen Ereignissen erkundigen	*ir, ser*: Pret. perf. simples

UNIDADE 7

Hilfsmittel/Materialien

Bilder von Tätigkeiten während des Tages (aufstehen, frühstücken, Freizeitbeschäftigungen, etc.)
Achten Sie bei der Auswahl der Materialien darauf, daß die KT lexikalisch nicht überfordert werden.

Vorschläge zur Gestaltung des Unterrichts

Wiederholen Sie vor Beginn dieser *Unidade* nochmals die drei regelmäßigen Konjugationen (*-ar, -er, -ir*) und die unregelmäßigen Verben, da in dieser *Unidade* eine Vergangenheitszeit eingeführt wird.
Um die Verben zum Tagesablauf einzuführen, beginnt der KL: *Eu levanto-me às 7 horas. E você? A que horas se levanta?* KT: *Eu levanto-me às ... horas.* Nach zwei- oder dreimaligem Fragen läßt der KL die KT sich gegenseitig fragen. Nach diesem Muster auch die anderen Verben einführen. Für die Darstellung des Tagesablaufes eignen sich Bilder (z. B. aus Zeitschriften), die die Tätigkeiten illustrieren (aufstehen, frühstücken, etc.).

2. Minidialog

Die Vergangenheitszeit (*pretérito perfeito*) wird eingeführt, indem der Gegensatz zwischen
hoje   z. B. 20.09.1989
ontem   19.09.1989
an der Tafel verdeutlicht wird.
KL: Ontem eu telefonei para um amigo. E você?
KT: Ontem eu telefonei para uma amiga.
etc.
KL fragt nach weiteren Aktivitäten der KT am Vortage.
Zur weiteren Übung schreibt der KL jeweils ein regelmäßiges Verb auf *-ar, -er, -ir*, das den Tagesablauf beschreibt, auf ein DIN A4-Blatt mit dickem Filzstift. KL zeigt jeweils ein Blatt den KT und fordert einen auf, mit diesem Verb eine Frage an einen anderen zu richten.
Beispiel:
Jantar
KT 1   A que horas jantaste ontem?
KT 2   Jantei às 7 horas.

So wird mit weiteren regelmäßigen und unregelmäßigen Verben geübt.
Sollten Sie für die bisher vorgekommenen Verben schon ein oder mehrere Dominos erstellt haben, so können die KT jetzt nochmals die Dominos legen und anschließend die vor ihnen liegenden Präsensformen in die Vergangenheit setzen (schriftlich). Dies bietet den Vorteil, daß KT, die die neuen Formen schon recht sicher beherrschen, relativ selbständig arbeiten können und der KL dadurch Zeit gewinnt, um sich den schwächeren Teilnehmern zu widmen. Am Ende der Übung lesen die Teilnehmer einmal die Form im Präsens und im Perfekt vor. Besonders leistungsstarke KT können auch Sätze mit den Verbformen bilden.
Weiterhin kann zur Übung und Wiederholung der Verbformen auch wieder die Übung zur Automatisierung der Verbformen s. 2.1.3. eingesetzt werden.

Landeskundliche Hinweise

Die Situation der Frauen in Portugal: 1976 wurde in der Revolutionsverfassung die Gleichberechtigung von Mann und Frau als Grundrecht verbrieft. Die gesellschaftliche Realität ist jedoch weiterhin eindeutig von patriarchalischen Strukturen gekennzeichnet, wenn auch mit der Abschaffung der Diktatur bedeutende Verbesserungen eingetreten sind. Es ist klar, daß eine gesetzgeberische Maßnahme nicht sofort zu einem Bewußtseinswandel führt. Noch Mitte der 60er Jahre war die Gleichberechtigung als absurd abgelehnt worden in Anbetracht der „geschlechtlichen Ungleichheit". Es bestehen große Unterschiede zwischen der Situation der Frauen in den Großstädten und in den ländlichen Gebieten.
Eine einflußreiche Frauenbewegung existiert bis heute nicht; es gibt einen Zusammenschluß von Frauen (*Movimento Democrático de Mulheres*), der aber kaum bekannt ist. Gerade die Kirchen bekämpfen die emanzipatorischen Tendenzen, da sie darin eine Gefährdung von Ehe und Familie sehen.
Ein Zeichen für die wachsende Eigenständigkeit der Frauen (u. a. aus der Mittelschicht)-

stellt die Zunahme der Scheidungen (1978: 8,7 %, 1982: 9,2 % der Ehen wurden geschieden) bei gleichzeitig sinkender Anzahl der Eheschließungen dar (1978–1982: 9,2 %).
Über Verhütung und Abtreibung wird bis heute nur hinter vorgehaltener Hand gesprochen. Von der Kirche verboten und gesellschaftlich geächtet (Kinderreichtum gilt als Glück) zwingt jedoch die soziale Situation die Frauen, beide Maßnahmen zu ergreifen. In den Städten ist es möglich, rezeptfrei die Pille zu erhalten. Im Hinterland weiß man oft nichts davon. Der Schwangerschaftsabbruch ist seit 1984 in drei Indikationen straffrei (Vergewaltigung, gesundheitliche Schädigung der Mutter, erkennbare Mißbildung des Kindes). Eine soziale Indikation gibt es bislang nicht. Dadurch sind viele Frauen gezwungen, ins Ausland zu gehen oder einen Arzt im Krankenhaus zu bezahlen. Wer sich dies nicht leisten kann, muß zu einem Kurpfuscher gehen, was nicht selten tödlich endet. Die Anzahl der illegalen Abtreibungen lag Schätzungen zufolge 1982 bei 200 000/Jahr.
Ein großes Handicap für die Situation der Frauen, die Familienplanung usw. stellt der immer noch hohe Anteil von Analphabetinnen dar (1974: 29 %, 1981: 22 %; der Anteil der Männer lag in den entsprechenden Jahren bei 17 % bzw. 12 %). Der weibliche Anteil der Erwerbstätigen machte 1982 31 % aus. Arbeitslos waren 1982 12,1 % bei 1,5 Mill. erwerbstätigen Frauen (nach SCHÜMANN, B./A.-P. MÜLLER: Portugal – ein politisches Reisebuch. VSA-Verlag, Hamburg 1986, S. 66 ff.).

Fernando Pessoa: intellektueller Führer der nonkonformistischen Bewegung „Orpheu", die eine Kombination von Dichtung und Philosophie versuchte. 1915 in Lissabon gegründet, strebte sie eine modernistische Erneuerung der Ausdrucksformen in allen Bereichen an.
Pessoa wurde zu einem der größten Dichter seit Camões. Seine außerordentliche Schaffenskraft erwuchs aus einer gespaltenen Persönlichkeit. Er schrieb unter vier Pseudonymen und stattete jede dieser Personen mit einer individuellen Biographie und einem eigenständigen literarischen Stil aus (nach: SCHÜMANN, B./A.-P. MÜLLER: Portugal – ein politisches Reisebuch, VSA-Verlag, Hamburg 1986, S. 90).
Das im Lehrbuch abgedruckte Bild zeigt das Café „A Brasileira", in dem Pessoa seine Gedichte schrieb. Heute steht vor dem Café eine Bronzestatue des Dichters.

Hinweis:
José Afonso: Seine Kindheit verbrachte José (Zeca) Afonso mit der Familie in Afrika und teilte ihr unstetes Kolonistenleben. Das Afrika, das er als Kind in sich aufnahm, sollte nie mehr aus seinen Sinnen und seiner Einbildungskraft weichen. Mehrmals kehrte er später als politisch gereifter Mensch nach Angola und Moçambique zurück.
Afonso sang, wo er sein Publikum fand; einmal sogar auf einem Baum hockend. Es ging ihm nicht nur um seine Gesangskunst, er wollte Ideen verbreiten, politisch aufklären, Menschen zum Gespräch über ihr Leben anregen. Afonso war zunächst von der lyrisch-romantischen Tradition des Coimbra-Fado beeinflußt, doch bald erkannte er, daß ihm die Ballade mehr lag. Seine kritische, kämpferische, ja anarchistische Natur entfernte ihn von der Melancholie und dem Konformismus des Fado von Coimbra. Er griff gesellschaftliche Mißstände an in einer Zeit, als das in Portugal noch gefährlich war, und kam dadurch ständig in Schwierigkeiten. Für Afonso waren Kunst und Leben eins. Er war ein Vorbild für eine ganze Generation von Sängern und seine Protestlieder wirkten als Fanal für alle Sänger, die mit dem Traditionalismus des portugiesischen Liedes brechen wollten (aus: *Associação José Afonso 2*; 1988).

Die Nelkenrevolution: Am 25. April 1974 besetzten linksgerichtete aufständische Militärs alle wichtigen strategischen Punkte in Lissabon und beendeten damit die über 40 Jahre währende Diktatur. Die faschistische Herrschaft unter Salazar (1932–1968) bzw. Caetano (1968–1974) bedeutete für Portugal eine wirtschaftliche und kulturelle Isolation des Landes gegenüber Europa. Eine mächtige Geheimpolizei (PIDE) im Verbund mit der politischen Zensur erstickten über Jahre hinweg jeglichen politischen Widerstand bereits im Keim. Weiterhin verstrickte sich Portugal immer tiefer in einen blutigen Kolonialkrieg in Angola und Moçambique, der wichtige Ressourcen des Landes u. a. auch ein Drittel des Etats verschlang. Der politische Umsturz, landläufig auch als Nelkenrevolution bezeichnet, weil er unblutig verlief, öffnete den Weg zur Demokratie. Im Rahmen der Wiedereinführung der politischen Grundfreiheiten, des Parteienpluralismus etc. wurden auch soziale Reformen erlassen. Banken, Versicherungen und Industriebetriebe wurden verstaatlicht sowie Großgrundbesitzer enteignet, aus deren Besitz Landkooperativen entstanden. In der Zwischenzeit sind diese sozio-ökonomischen Reformen weitgehend zurückgenommen worden.

Das Lied *Grândola, vila morena* wurde über die Grenzen Portugals hinaus bekannt. Es war für die aufstandswilligen Truppenteile das verabredete Signal. Sobald es über Radio ertönte, sollten sie sich erheben.

Zusatzmaterialien
Spiel mit Informationsgefälle
Ziel: nach Uhrzeiten und dem Tagesablauf fragen
Sozialform: Partnerarbeit
Beschreibung s. Unidade 4

A	o Sr. Costa	a Inês	o seu colega
levantar-se			
tomar o pequeno almoço			
sair de casa			
começar a trabalhar			
almoçar			
terminar o trabalho			
jantar			
ir para a cama			

Fragen Sie Ihren Partner/Ihre Partnerin! Zeichnen Sie die Antworten in die leeren Uhren!

B	o Sr. Costa	a Inês	o seu colega
levantar-se			
tomar o pequeno almoço			
sair de casa			
começar a trabalhar			
almoçar			
terminar o trabalho			
jantar			
ir para a cama			

Fragen Sie Ihren Partner/Ihre Partnerin! Zeichnen Sie die Antworten in die leeren Uhren!

Überblick über Unidade 8

Minidialog/ Kurztext	Situation/Thema	Fertigkeiten	Kommunikative Lernziele	Strukturen
1	Gespräch zwischen jungen Leuten auf einem Platz	Hörverstehen/ Sprechen	Vorschläge machen und Verabredungen treffen	*poder*: imperfeito + Infinitiv
2	Telefongespräch zwischen zwei Freunden	Hörverstehen/ Sprechen	einen Vorschlag/eine Einladung aussprechen, ablehnen, begründen oder annehmen	Redewendungen, Personalpronomen: *me, te, nos, vos*: direktes und indirektes Objekt
3	Kalender mit Geburtstagen	Leseverstehen	nach dem Geburtstag/ Alter fragen	*em que mês fazer anos*
4	Nach einer Geburtstagsfeier	Hörverstehen/ Sprechen	sich nach einer Geburtstagsfeier erkundigen, Beschreibung der Feier und der anwesenden Personen	Relativpronomen: *que, quem; ser*: Pret. perf. simp. Adjektive, *ver, dizer, dar*; Präsens und Pret. perf. simples
5	Gespräch zwischen zwei Frauen über ein Picknick	Hörverstehen/ Sprechen	sich verabreden, präzise Informationen zu einem Picknick erfragen und angeben	*a gente*

UNIDADE 8

Hilfsmittel/Materialien
Zeitungsanzeigen von Filmen

Vorschläge zur Gestaltung des Unterrichts
Minidialog 1
Zur Wiederholung und Festigung der Verben bietet sich wieder die Übung zur Automatisierung der Verben oder das Würfelspiel an.
Mögliche Verben sind: *querer, poder, fazer, dizer*, die in ihre entsprechenden Präsensformen gesetzt werden sollen.
Zur Einführung der Situation und des Vokabulars fragt der KL: *Eu vou ao cinema. Quer vir?* Dann spielt der KL weiter die Rolle des Gefragten, der nun nähere Angaben zum Film möchte. Die KT versuchen zu antworten:
Que filme é?   Quando começa?
Onde corre?   Quando acaba?

Mit Hilfe der Zeitungsanzeigen von Filmen können die KT sich in Gruppen zu einem Kinobesuch einladen und die vorgestellten Fragen üben.

Führen Sie die Personalpronomen *me* und *te* ebenso im Unterricht ein:
KL: *Levas-me a casa?*
KT: *Sim, levo-te.*
KL: *Dás-me o teu número de telefone?*
KT: *Sim, dou-te*, etc.

Actividade 1
An dieser Stelle wird das Imperfekt von *poder* eingeführt, um die Teilnehmer in die Lage zu versetzen, einen Vorschlag zu machen.

2. Minidialog
Zur Einführung der Wochentage und des Wortes *feriado* eignet sich ein portugiesischer Kalender (s. auch Realie S. 99). KL fragt z. B.:
– Que dia foi ontem?
– Que dia é amanhã?
Das Wort *aniversário* kann mit einer kleinen Tafelskizze (Kuchen mit Kerzen, o. ä.) erklärt werden.
KL: Eu faço anos no dia 14. E o senhor?
Quando faz anos?
Anschließend fragen sich die KT gegenseitig.

4. Minidialog
Zur Vorentlastung sollten die folgenden Wörter vorher erläutert werden: *vi, namorou, há 15 anos, gordo, careca*.
KL fragt KT:
A senhora vê televisão todos os dias?
E no fim de semana?
O que viste na televisão?
O que viu na televisão?
E vocês, o que viram na televisão?

Der KL hilft bei den Antworten. Sobald die KT relativ sicher sind, üben sie in Gruppen untereinander.

KL fragt: *Como foi o fim de semana? divertido? chato? sossegado? tranquilo?*. Die Bedeutung der Wörter wird, soweit nicht bekannt, durch Mimik und Gestik verdeutlicht. Die KT antworten.
KL: *Eu casei há 10 anos. E o senhor?*
KT/KT fragen sich gegenseitig: *Quando casou, começou a trabalhar, começou a aprender português, foi pela primeira vez de férias* etc.
Die Begriffe *gordo* und *careca* können durch eine Tafelskizze erklärt werden.

Actividade 11
Eignet sich als schriftliche Hausaufgabe bzw. zur schriftlichen Nachbereitung zu Hause.

5. Minidialog
Erläutern Sie zunächst die Begriffe *está combinado* und *a gente* (steht hier für *nós*). KL erklärt die Situation: *Duas senhoras querem fazer um piquenique. Elas combinam o dia, no sábado.* KL fragt KT: *Já fez um piquenique? Onde? O que levou para um piquenique? O que é que a gente leva para um piquenique na Alemanha?* Sobald die KT relativ sicher antworten, sollen sie sich in Gruppen zu einem Picknick verabreden und jeder erzählt, was er mitbringt. Außerdem verabreden sie, wo sie sich treffen (*Onde é que a gente se encontra?*). Anschließend stellen einige Gruppen ihre Ergebnisse im Plenum vor.

Actividade 16
Für diesen Lesetext s. auch die Anmerkungen bei den Praktischen Hinweisen s. 2.1.3.

Landeskundliche Hinweise
Malta: Bei der *malta* handelt es sich um eine Gruppe, die unsere „Clique" an Gruppensinn, Zusammenhalt und Funktionsfähigkeit weit übertrifft und die Schul- und Universitätszeit überdauert. Während der Jugendzeit kommt die *malta* meistens nur auf der Straße zusammen, denn es ist nicht üblich, sich im elterlichen Haus zu treffen. Die Freunde verabreden sich in Cafés, Bars oder Pubs, gehen gemeinsam ins Kino etc.. Es ist verbreitet, daß die Jungen die Mädchen einladen; daher erhalten die Jungen ein höheres Taschengeld. (Nach SCHÜNEMANN, B./A.-P. MÜLLER: Portugal – ein politisches Reisebuch, VSA-Verlag, Hamburg 1986, S. 36.)

Piquenique: Neben dem Kino und dem Fußball gehört das Picknick zu einer der beliebtesten Freizeitbeschäftigungen in Portugal. Dabei wird ein sehr üppiges und reichhaltiges Essen gereicht. Generell spielt sich die Freizeit in Portugal mehr auf der Straße und im Freien ab, als in mitteleuropäischen Ländern.

Zum Lesetext könnte noch als Ergänzung die Originalvorlage ungekürzt eingefügt werden.
Über brasilianische Musik ist sehr zu empfehlen: SCHREINER, C.: Música Popular Brasileira. Verlag Tropical Music GmbH, Jahr 1978.

Domino
Domino läßt sich nicht nur mit einzelnen Formen erstellen, sondern auch mit ganzen Sätzen, wie im folgenden gezeigt. Das Ziel: aus den Teilen einen sinnvollen Dialog erstellen.

- Olá Carlos	como vais?	Já não	te vejo há muito tempo!
Porque não vieste aos anos	do Fernando?	- Não pude vir
Porque esta semana trabalhei à noite.	Como foi	o aniversário?
- Foi muito	divertido. Conheces a Carolina?
- Conheço. Ela esteve lá? Ela escreveu -	me de férias.
- Tens o telefone dela?	- Sim, eu posso	te	dar.
- Olha, tenho que me ir embora	porque estou sem carro.	- Eu levo-
te	a casa.	- Não, não é preciso, leva-	me só até à paragem do
autocarro.	- Está bem, e quando vens	nos visitar?	- Depois do Natal.

Verabredungs-Spiel

Ziel: Vokabular üben, um eine Verabredung treffen zu können
Sozialform: Gruppenarbeit

Ein KT aus jeder Gruppe lädt einen anderen KT aus der Gruppe ein. Bevor dieser antwortet, dreht er einen Bleistift auf dem beigefügten Arbeitsblatt. Entsprechend der Vorgabe in dem Feld auf das die Bleistiftspitze zeigt, muß der Angesprochene antworten.

(Kreisdiagramm mit vier Feldern: fazer outra proposta / recusar / aceitar / responder evasivamente)

Zur Bewußtmachung der Zeitangaben *há* und *desde* empfiehlt sich wieder ein **Würfelspiel**. Dabei wird das Presente/Passado der folgenden Sätze gebildet:
Estar de férias *há* 15 dias.
Dizer isso *há* uma semana.
Ir ao centro *há* 3 dias.
Trabalhar sozinho *desde* Março.
Estar em Bremen *há* um ano.
Estar à espera *desde* as 4 horas. etc.

Die folgenden **Lückentexte** eignen sich als Hausaufgabe:

1. Preencha com pronomes pessoais e preposições:
1. Levas _____ hotel? (mich)
2. Vejo _____ sábado. (dich)
3. Rosalina convidou _____ amanhã (uns).
4. O Victor encontrou _____ estação? (euch)

2. Preencha com pronomes pessoais:
5. Dê _____ a sua chave! (mir)
6. Eu dou _____ o meu número de telefone (dir).

3. Preencha com pronomes relativos:
7. Tenho um amigo _____ faz 40 anos.
8. O filme _____ eu vi é interessantíssimo.
9. A rapariga _____ conheceste é simpática?
10. O material com _____ trabalho vem da China.
11. Já vi o filme de _____ estás a falar.
12. Este é o rapaz a _____ dei as chaves.

Überblick über Unidade 9

Minidialog/Kurztext	Situation/Thema	Fertigkeiten	Kommunikative Lernziele	Strukturen
1	Klima/Jahreszeiten	Leseverstehen	sich nach dem Klima erkundigen über das Klima im eigenen Land sprechen	
2	Im Reisebüro	Hörverstehen/Sprechen	über Klima sprechen, Klima beschreiben Vergleiche ziehen	Steigerung des Adjektivs
3	Gespräch eines Ehepaares	Hörverstehen/Sprechen	Urlaubspläne besprechen, Wünsche äußern, Vorlieben begründen, jdn. überzeugen, Wetter beschreiben, Vergleiche ziehen	Redewendungen Imperf. zum Ausdruck von Wünschen, Komparativ: *mais… que*
4	Am Bahnhof	Hörverstehen/Sprechen	sich nach dem Gleis und den Abfahrtszeiten erkundigen	Substantiv und Adjektiv im Plural
5	Werbetext: Vorteile der Bahnbenutzung	Leseverstehen		
6	Am Bahnhof	Hörverstehen/Sprechen	Informationen über Züge einholen, eine Fahrkarte lösen	*ir de* + Transportmittel

UNIDADE 9

1. Minidialog

KL fragt KT mit entsprechender Mimik und Gestik: *Como está o dia hoje? Como está o tempo? Frio?, Quente?, Temperado?, Húmido?, Chuvoso?, Seco?*
Die Jahreszeiten lassen sich mit typischen Bildern einführen oder noch einfacher mit den entsprechenden Monaten, die aus *Unidade 8* bekannt sind.
Mögliches Tafelbild/Folie:

Março
Abril   Primavera
Maio

Junho
Julho   Verão
Agosto

Septembro
Outubro   Outono
Novembro

Dezembro
Janeiro   Inverno
Fevereiro

2. Minidialog

KL fragt KT: *Onde chove mais, em Hamburgo ou em Friburgo?* KT: *Chove mais em Hamburgo.* KL: *Então o clima em Friburgo é melhor.* KL: *Onde é que o clima é melhor? Em Portugal ou na Alemanha? Quando chove menos/mais em Portugal? No Verão ou no Inverno?* etc.
Zur weiteren Einübung des Komparativs können auch die folgenden Fragen im Plenum gestellt werden:
O que acha melhor? Porquê?
Ir ao cinema ou ao teatro?
Ler ou ver televisão?
Nadar ou correr?
Ir dançar ou ir ao restaurante?
Fazer férias na praia ou no campo?

3. Minidialog

KL: *Que faz no Verão? Faz sol e calor.* (Mit Mimik oder Zeichnung erklären.) *E no Inverno? Faz frio e vento e neva. Este ano eu gostava muito de fazer férias nas montanhas da Áustria. Porque gosto da neve e preciso de relaxar.* KL fragt KT: *E você? Onde gostava de fazer férias? Na praia ou na montanha? Porque?* KL fragt solange, bis die KT recht sicher antworten, dann sollen die KT untereinander üben und die Wünsche ihres Partners bzw. sein Ferienziel anschließend im Plenum vorstellen.

Actividade 5
Bei dieser Übung geht es darum, die Vorliebe des Vorgängers mit der eigenen Vorliebe zu vergleichen.

Actividade 6
Bevor Sie mit dieser *Actividade* beginnen, empfiehlt es sich, nochmals die bisher bekannten Adjektive zu wiederholen und eventuell weitere einzuführen.
Beispiel:
alto, baixo, intelligente, gordo, careca, sossegado, tranquilo.

4. Minidialog

KL: *Estamos na Estação de Caminhos de Ferro. Uma pessoa pergunta: A que horas sai o próximo comboio para o Porto?* etc. Nach dem bekannten Muster das weitere Vokabular dieses Minidialogs einführen.

6. Minidialog

KL: Em Portugal há 3 categorias de comboios:

directo = lento
rápido = mais rápido que o directo
expresso = o mais rápido de todos.
Agora queremos comprar um billete para o Porto.
billete de ida (zeichnen)
billete de ida e volta (zeichnen)

Als Ergänzung zu *Actividade 10* bietet sich die Hörverständnisübung an (s. Cassette). Nachfolgend der Text:

a) O comboio proveniente de Lisboa viaja com atraso de 10 minutos.
b) O comboio com destino a Faro vai partir da linha 6.
c) O comboio proveniente do Porto entra na linha 3.
d) Sr. Bernardo Santos, queira contactar as informações da TAP.
e) A TAP informa os Srs. passageiros com destino a Londres voo 201 que a partida está atrasada devido à chegada tardia do avião. A partida está agora prevista para as 12 horas.

Landeskundliche Hinweise

Bahn: Das portugiesische Eisenbahnnetz ist nicht so dicht wie das mitteleuropäische. Die Waggons sind meist älteren Datums. Viele Ortschaften und Städte sind nur nach mehrmaligem Umsteigen zu erreichen.

Bus: Die staatliche Betriebsgesellschaft RN (Rodoviária Nacional) bedient ein sehr dichtes Liniennetz, das auch entlegene Ortschaften erreicht. An den Wochenenden wird der Fahrplan eingeschränkt (nach: ZUR NIEDEN, K.: Portugal. Köln Hayit 1986:103).

Anedota brasileira: TAP = Transportes Aereos Portugueses. Es gibt eine freundschaftliche Rivalität zwischen Portugiesen und Brasilianern, die ihren Ausdruck in vielen Witzen findet. Bemerkenswert ist, daß es sich oft um dieselben Witze in beiden Ländern handelt, nur daß die Rollen vertauscht wurden.

Emigration: Die Auswanderung stellt eine Konstante in Portugals Geschichte dar. Neben religiösen Gründen (Vertreibung der Juden) und der Kolonisation der eroberten Gebiete, boten u. a. die drückenden Wirtschafts- und Sozialverhältnisse immer wieder Anlaß zur Abwanderung. Bis in die 60er Jahre waren Brasilien, die USA und Venezuela die Hauptzielländer.

Um 1960 fand eine Neuorientierung auf europäische Wanderungsziele statt: Dies begann mit dem überaus schnellen Anstieg der Auswanderung nach Frankreich ab 1956. Weitere wichtige Ziele waren die Bundesrepublik und die Schweiz. Zwischen 1901 und 1977 wanderten insgesamt 2.752.044 Portugiesen aus. Davon alleine zwischen 1961–1977 1.092.194 (nach: FREUND, B.: Portugal. Klett, Stuttgart 1979). In die BRD kamen zwischen 1961–1977 132.787 Portugiesen (Quelle: s. o.). 80 % von ihnen leben seit mehr als 8 Jahren in der BRD (Statistisches Bundesamt Wiesbaden: Länderbericht Portugal 1987). Heute lebt mehr als jeder 5. Portugiese im Ausland. „Angesichts der wichtigsten Zielländer wurde schon mit Bitterkeit vermerkt, daß Portugal mit seinen billigen Arbeitskräften den reichen Staaten Entwicklungshilfe gibt (s. o. S. 33)."

Die Portugiesen emigrierten u. a. aus den nördlichen Provinzen, die am wenigsten industrialisiert sind. Sie hinterlassen Dörfer, in denen überwiegend alte Leute und Frauen leben. Die hohe Zahl der Auswanderer und die Tatsache, daß u. a. junge, unternehmungslustige Leute mit Schulbildung das Land verließen, verursachte Ende der 60er Jahre einen Mangel an Arbeitskräften. Daraufhin erließ die Regierung Salazar 1967 ein Auswanderungsverbot. Die illegale Auswanderung florierte jedoch, an ihr verdienten Auswanderungsagenten (*enganjadores*) (nach: B. FREUND).

Im allgemeinen führen die Emigranten in Frankreich wie in Deutschland ein bescheidenes, entbehrungsreiches Leben. Sie sind so sparsam wie möglich. Ihre Perspektive ist die Rückkehr und ihr Traum der Bau eines eigenen Hauses. 1970 waren 70 % der von den Emigranten aus Frankreich nach Portugal überwiesenen Gelder für den Hausbau bestimmt. Die Überweisungen der Emigranten sind Portugals wichtigste Devisenquelle. (Conflict And Change In Portugal 1974–1984, Berichte des III International Meeting on Modern Portugal. Durham, New Hampshire 1985)

Der Anteil der Portugiesinnen, die im Ausland arbeiten, ist ebenfalls sehr hoch. 1979 entfielen 50 % der in Frankreich an Ausländerinnen erteilten Arbeitsgenehmigungen auf Portugiesinnen. (Quelle: Conflict And Change In Portugal 1974-1984)

Unidade 9

Zusatzmaterial
Spiel mit Informationsgefälle s. 2.1.3.

Ziel: Namen der Verkehrsmittel mit den Verbformen einüben
Sozialform: Partnerarbeit

Situation: Herr Müller hat eine Reise nach Portugal gemacht. Auf den Arbeitsblättern ist seine Reiseroute eingezeichnet mit den Verkehrsmitteln, die er benutzt hat.
KT 1 erhält Arbeitsblatt A, KT 2 erhält Arbeitsblatt B. Auf jedem der Arbeitsblätter fehlen einige Angaben, die die Teilnehmer durch gegenseitiges Fragen ergänzen müssen.

KT A
= Ele foi de avião.
= Ele foi de autocarro.
= Depois, como foi para Viseu?

KT B
= Como é que ele foi para o Porto?
= Como foi para Bragança?
= ...

Spiel mit Informationsgefälle s. 2.1.3.
Ziel: das Vokabular zum Wetter einüben
Sozialform: Partnerarbeit

Die Vorlage (s. o.) kann auch dazu verwendet werden, das Vokabular zum Wetter einzuüben. Zu diesem Zweck können die Symbole für die Verkehrsmittel gelöscht werden (z. B. mit Tipp-ex) und an ihrer Stelle kann der KL Wettersymbole einzeichnen. Dabei muß beachtet werden, daß auf Arbeitsblatt A Informationen enthalten sind, die auf Arbeitsblatt B fehlen und umgekehrt. Die KT fragen sich wiederum gegenseitig und ergänzen die fehlenden Angaben.

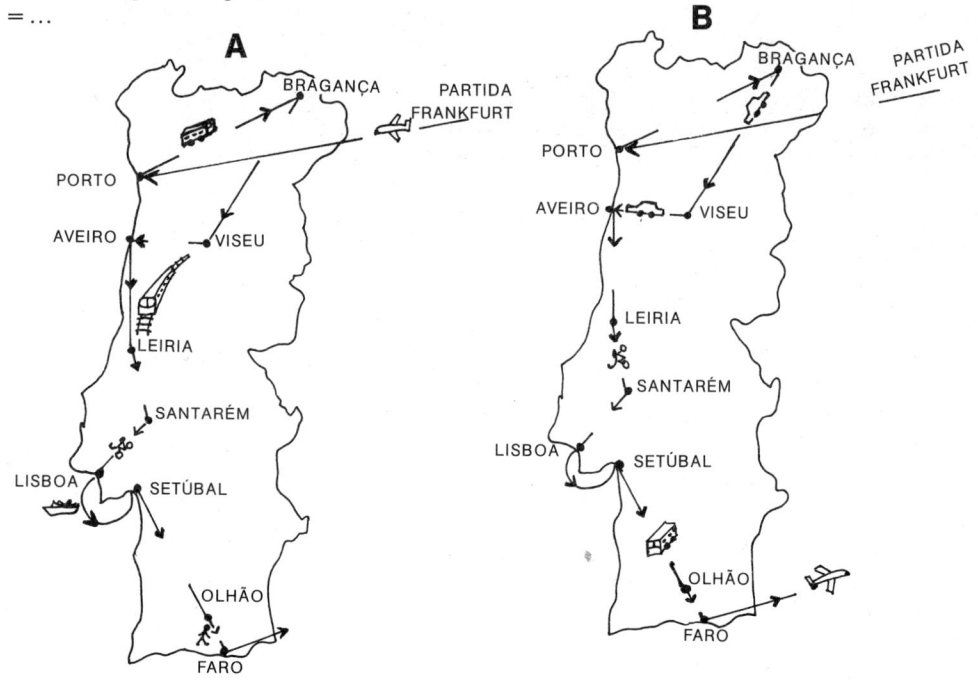

Überblick über Unidade 10

Minidialog/Kurztext	Situation/Thema	Fertigkeiten	Kommunikative Lernziele	Strukturen
1	vinho verde	Leseverstehen	Beschreibung eines Produktes, Eigenschaften nennen Ursprungsgebiet nennen	3. Pers. Plural Präsens u. *se* als Ausdruck von „man", indirektes Objekt mit *a* Pers. pronomen *lhe/lhes* als indirektes Objekt
2	Landkarte Portugals	Leseverstehen/ Sprechen	Orte und Regionen beschreiben	Relativpronomen: *que*, *se* als Ausdruck von „man"
3	Speisekarte	Leseverstehen/ Sprechen	Informationen zu Speisen erbitten	Part. passado der Verben auf *-ar*, *-er*, *-ir*, unregelmäßige Partizipien
4	Im Restaurant	Hörverstehen/ Sprechen	Informationen zu Speisen erbitten, Unschlüssigkeit ausdrücken und um Empfehlung bitten, etwas bestellen	*diga-me* bejahter Imperativ der Verben auf *-ar*, *-er*, *-ir*, *dar*, *fazer*
5	Im Restaurant	Hörverstehen/ Sprechen	Rechnung bezahlen, etwas richtigstellen	Imperativ von *trazer*
6	Im Restaurant	Leseverstehen	eine schwierige Situation lösen	

UNIDADE 10

Hilfsmittel/Materialien
Landkarte, Fotos, Prospekte

Vorschläge zur Gestaltung des Unterrichts
Führen Sie anhand der Materialien den Text ein.

1. Minidialog
Mögliche Fragen des KL:
- Onde nasceu? Onde cresceu?
- Quando se fala de vinhos portugueses em que é que vocês pensam?
- Imaginem que vocês não conhecem o vinho verde. Que perguntas podem fazer?

Zur Erarbeitung der letzten Frage werden die KT in zwei Gruppen eingeteilt. Jede Gruppe stellt eine Frage, z. B. *Como é o vinho verde? Onde cresce? Porque se chama „verde"?*. Beim Beantworten dieser Fragen führt der KL das neue Vokabular sowie den Inhalt des Textes ein.

2. Minidialog
Zur Einführung und Vorbereitung fragt der KL:
- Quem já esteve em Portugal?
- Em que província?
- Como esteve o tempo?
- O que é que comeram?
- O que é que se cultiva?

Wiederholung der Verben im Präsens und Pefekt mit dem Würfelspiel (s. 2.1.3.)
mögliche Vorgaben:
- trazer as fotografias
- vir a pé
- pedir dinheiro ao banco
- dever-lhes 500$00
- perder tempo
- ouvir música no fim de semana

3. Minidialog
Zur Einstimmung und Vorbereitung wiederum mit einigen Fragen beginnen:
- Gosta de carne?
- Quem gosta de carne?
- Como gosta da carne?
  frita, grelhada, cozida, assada?
- Gosta de peixe?
- De que gosta mais de peixe ou de carne?
- Como gosta do peixe?
  cozido, grelhado, assado, frito?
- ovos?
  cozidos, estrelados?
- O que comem no fim de semana?

Zur Einübung der Zahlen s. 2.1.3.
Zusätzlich können Sie an die KT auch Speisekarten verteilen, die nach dem Prinzip des Informationsgefälles vorbereitet sind s. 2.1.3.
KT 1 hat eine Speisekarte auf der einige Preisangaben fehlen, KT 2 verfügt über die notwendigen Angaben, ebenso fehlen auf der Speisekarte von KT 2 einige Preisangaben, die sich auf der Speisekarte von KT 1 finden. Die Teilnehmer können sich gegenseitig fragen, die Preisangaben notieren und anschließend vergleichen, ob sie sie korrekt verstanden haben. Um die Situation „realistischer" zu gestalten, kann man auch Gruppen à 4 oder 5 KT bilden. Dabei übernimmt ein KT die Rolle des Kellners. Er verfügt über eine vollständige Speisekarte, während die übrigen leider etwas unvollständige Karten erhalten haben, auf denen die Preise zum Teil fehlen. Sie erfragen die fehlenden Angaben vom Kellner, der bereitwillig Auskunft gibt.

Actividade 8
Text zur Hörverstehensübung

1. Pedaços de vários peixes refogados em azeite, cebola, alho e tomates.
2. É uma sopa de batata e couve galega cortada muito fininha. Depois de pronta leva um fio de azeite e umas rodelas de chouriço.
3. Uma espécie de mariscos refogados com chouriço e presunto na cataplana.
4. Prato feito à base de grande quantidade de feijão, ao qual se pode juntar várias espécies de carne.

Nach *Actividade 9* kann der KL den Unterricht mit Bildern portugiesischer Speisen bereichern. Dafür eignet sich die in Portugal erhältliche Fernseh-Koch-Zeitschrift *Teleculinária*.

Trennen Sie die Seiten heraus und legen Sie sie in Klarsichtfolien. Der Kurs wird in drei Gruppen geteilt, von denen jede mindestens drei Abbildungen eines Ganges (*sopa, carnes, peixe, sobremesa* etc.) erhält und daraus ein Menü zusammenstellt. Ein oder zwei Vertreter einer Gruppe müssen zu den anderen gehen und Abbildungen der fehlenden Gänge holen.

4. Minidialog

Der KL kann den Minidialog folgendermaßen einleiten:
Vocês estão a ler a ementa e não sabem o que é «pescada à casa» por isso chaman o empregado e perguntam:
KL: Como é a pescada à casa?
KL: É cozida e acompanhada de...
KL: O que é que acompanha o bife à casa etc.
KT:...
KL: Como quer o bife? Mal passado ou bem passado?
KT:...

Actividade 11

Anhand der Speisekarte (s. Lehrbuch S. 134) bestellen die KT und stellen zugleich Fragen zu den Gerichten, z. B. *O que é açorda de marisco?* KL übernimmt die Rolle des Kellners und antwortet.

6. Minidialog

Der KL zieht die Aufmerksamkeit der KT auf die Zeichnung mit folgenden Fragen:
– Onde estão?
– Que idade têm as pessoas?
– Como estão? Contentes? Irritadas?
– O que é que vocês acham?
– Porque é que estão assim?
Dann wird der Text gelesen, zunächst jeder leise für sich, anschließend laut.

Übersetzung des Gedichtes
Ich habe ein Fenster

Ich habe ein Fenster
das schaut auf das Meer
Schiffe ziehen fort
Schiffe kommen an
ich habe ein Fenster
das schaut auf das Meer
Träume ziehen fort
Träume kommen an
ich habe ein Fenster
das schaut auf das Meer
ein Faden von Rauch
ein Schatten dort hinten
eine alte Geschichte
ein Singen von Segeln
ein Meeresblau
ich habe ein Fenster
das schaut auf das Meer
ich habe ein Fenster
das wäre schön
das wäre schöner
als irgendein Fenster
Fenster wär es
von Mond oder Stern
oder irgendein Fenster
irgendeiner Schule
wär da nicht jener
schon alte Fischer
der den Strand entlang
geht und bettelt
Schiffe ziehen fort
Schiffe kommen an
ich trete ans Fenster
und seh nicht das Meer
(übersetzt von Jürgen v. Rahden)

Zusätzliche Übungen

Construa frases ligando elementos das 3 colunas.
Ex.: Diz à minha irmã que chego mais tarde.

Diz	Joana	chego mais trade
Pede	minha irmã	o número do telefone dela
Pergunta	porteiro	eles querem falar contigo
Telefona	senhoras	as chaves do carro
Dá	teus pais	o que bebem
Devo	Marcelino	1.500.S00
Quando escreves	Jorge	ele faz anos na próxima semana

Substitua a coluna do meio por pronomes pessoais.
Ex.: Diz-lhe que chego mais tarde

Preencha as lacunas
- Nunca ouço chamar _____ habitantes do Porto – portugueses, ouço sempre «tripeiros». Porque é que _____ chamam assim?
- Um dia eu conto _____ a história, mas agora não tenho tempo. Tenho que _____ encontrar com o Nuno às três horas.
- Onde é que vocês _____ encontram?
- Eu disse _____ para estar à porta da «Brasileira».
- Então até logo.
- Ah, por favor diz _____ minha irmã que chego mais tarde.

Auf diesem Niveau bietet sich auch der Einsatz von **Bildergeschichten** an. Diese finden sich z. B. in den *Historietas de Burbujas* (Blasengeschichten) von V. AUGUSTIN u. K. HAASE, herausgegeben von der PAS (Pädagogische Arbeitsstelle des Deutschen Volkshochschul-Verbandes, Frankfurt 1980). Diese Materialien sind bereits didaktisch aufbereitet und können auch für den Portugiesisch-Unterricht verwendet werden. Sehr amüsante Vorlagen bieten die Bildergeschichten von „Vater und Sohn" von E. O. Plauen (sein richtiger Name war Erich Ohser; Max Hueber Verlag, Ismaning, Best.-Nr. 1143 und 1146).

Überblick über Unidade 11

Minidialog/ Kurztext	Situation/Thema	Fertigkeiten	Kommunikative Lernziele	Strukturen
1	Gespräch zwischen Frauen	Hörverstehen/ Sprechen	Erstaunen ausdrücken und Vermutungen äußern, über fremde Gewohnheiten sprechen, über Vorurteile/Clichés sprechen und dazu Stellung nehmen	*acabar de* + Infinitiv, *estar a* + Infinitiv, Personalpronomen *o, a, os, as* als direktes Objekt
2	In der „taberna"	Hörverstehen/ Sprechen	von sich erzählen, sich beklagen und versuchen, Mitgefühl zu erwecken	Imperfeito von *estar a* + Infinitiv, Personalpronomen nach Präpositionen und nach Infinitiv
3	Auseinandersetzung zwischen Vater und Sohn	Hörverstehen/ Sprechen	jdm. Vorwürfe machen, sich rechtfertigen, Aufforderung zur Hilfe, Hilfe verweigern und Weigerung begründen	Imperfeito der Verben auf *-ar, -er, -ir,* als Ausdruck der Vergangenheit

UNIDADE 11

Hilfsmittel/Materialien
Unterschiedliche Fotos aus Portugal, die Menschen in verschiedenen Situationen zeigen.

Vorschläge zur Gestaltung des Unterrichts
1. Minidialog
Zur Festigung des Verbes *acabar* stellt der KL einige Fragen, die die KT beantworten:
– Quando acaba o seu trabalho?
– Quando acabamos o semestre?
– Quando acaba o Inverno/a Primavera?
– Quando acabou a 2.ª Guerra Mundial?

Danach führt der KL *acabar de* + Infinitiv ein, z.B.: der KL verläßt den Raum, tritt ein und sagt: *Acabei de entrar.*
KL/KT: *Dê-me a lista, faz favor* und fragt dabei einen anderen KT: *O que é que ele acabou de fazer?*
KL/KT: *Que horas são? O que é que ele acabou de perguntar?*
KL zeigt Fotos, z.B. ein Bus kommt an, etc.
KL fragt: *O que é que aconteceu aqui?*
KT: *O autocarro acabou de chegar, etc.*
Bei anderen Fotos fragt der KL: *O que estão a fazer?*
KT: *Eles estão a comer.*
KT/KT sehen sich die Fotos an und fragen/antworten nach diesem Schema.
Vor dem Hören des Dialogs die Worte *aposto que* und *o tanque* einführen.
Nach dem Hören des Dialogs von der Cassette (vor dem ersten Lesen) können die KT den Dialog zerschnitten erhalten. Beim Zusammensetzen der einzelnen Teile zu einem Dialog müssen die KT sehr konzentriert lesen.
Für die Einführung der Personalpronomen *o, a* fragt der KL die KT, ob sie sich untereinander kennen.
Conhece o Helmut? Sim, conheço-o.
Conhece a Ursula? Sim, conheço-a.
Weitere mögliche Fragen:
Viu o film Lady Killer? Sim, vi-o.
Erläutern Sie noch, daß *Guidinha* die verkleinerte und verkürzte Form von Margarida ist (Margarida – Guida – Guidinha).

Actividade 3
Die Zeichnung im Lehrbuch S. 147 ist das erste Bild einer Blasengeschichte. Lassen Sie die KT zuerst die im Buch gestellte Aufgabe lösen.
Wiederholung der Verben: vertikal und horizontal, s. 2.1.3.
Verben: *ver, estar, estar a, ser, ir, trazer.*

14.1   14.2

2. Minidialog

Einführung

KL: Você acaba de encontrar um amigo que não vê há muito tempo.
Como o cumprimenta? KT: Viva Klaus, há quanto tempo que eu não te vejo. Como estás?
KL: O amigo quer logo contar alguma coisa sensacional ou negativa da sua vida. Diz: Sabes lá da minha vida (evtl. sinngemäß übersetzen).
An dieser Stelle können die KT spekulieren, was er Besonderes oder Negatives erlebt hat.
Führen Sie den Begriff *cunhado (o marido da minha irmã)* ein und lassen Sie die KT untereinander fragen: *Você tem um cunhado? Como se chama? Onde vive?*
Das Imperfekt (*estava a fazer o jantar*) läßt sich einführen, indem man z. B. die Bilder von *Actividade 7* zunächst im Präsens übt. Dazu

zeigt der KL die Bilder am OHP und fragt: *O que é que ela está a fazer? Está a lavar, está a comer* etc.
Wenn die KT die Formen sicher beherrschen, fragt der KL: *Quando cheguei, o que é que ela estava a fazer?* Mehrmals mit verschiedenen Bildern üben.

Lösung zu Actividade 11
Ao telefone
Júlio: Está lá? Bom dia.
Maria: Queria lhe perguntar uma coisa. O Sr....
Júlio: Desculpe interrompê-la mas a ligação está péssima. Não consigo ouvi-la. A Senhora pode-me dar o seu número de telefone, eu telefono-lhe já.
Maria: Com certeza!

Amélia fala com a dona do quarto
Amélia: Onde posso dar a minha roupa para lavar?
Rosa: Nós podemos lavá-la aqui na pensão. Ou, se quiser pode dá-la para lavar na lavanderia.
Amélia: Quanto custa lavar aqui na pensão?

3. Minidialog
Einführung
KL fragt KT: *Gosta de andar? Normalmente anda depressa ou devagar?* KT antwortet.
Andar in seiner übertragenen Bedeutung und die anderen unbekannten Wörter (*para mim* etc.) einführen.

Erarbeitung des Hörtextes s. 2.1.2.
Erarbeitung des Lesetextes

Por Alfama à procura do fado
Der KL teilt den Kurs in kleine Gruppen ein, dann stellt er einige Fragen, die in den Gruppen besprochen werden, z. B.
- Quem já esteve em Lisboa?
- O que acha?
- Lisboa é uma cidade antiga, moderna ou as duas coisas ao mesmo tempo?
- Que partes de Lisboa (bairros) conhece?
- Alguém conhece o bairro de Alfama?

Hier wäre es ideal, wenn der KL einige Fotos von der Alfama zeigen könnte.
Die Gruppen stellen ihre Ergebnisse dem gesamten Kurs vor.
Anschließend beginnt die Texterarbeitung. Dazu empfiehlt es sich, den Text in zwei Abschnitte zu unterteilen.
Die folgenden Wörter werden erklärt und an die Tafel geschrieben:
o fado
sec. XVIII
os negros
a escravatura, bairro de Alfama
a prostituição
actividade marítima
agências de navegação
tabernas = tascas, restaurantes
nasceu
ficaram a viver
é marcado por
existem
KL: *Estas palavras referem-se ao bairro de Alfama. Com a ajuda delas diga qualquer coisa sobre Alfama.*
Anschließend tragen die Gruppen ihre Ergebnisse vor. Dann wird der Text bis *...comércio variado* verteilt und gelesen.
Wählen Sie für die Erarbeitung der zweiten Texthälfte eine andere Methode. Dazu können Sie von dem nachfolgenden Text eine Folienkopie erstellen. Die KT müssen versuchen, die fehlenden Wörter zu erraten. Die richtigen Wörter werden in die Lücken eingetragen; zum Abschluß wird nochmals der vollständige Text gelesen.
A maior parte da gente de Alfama não é de _____ da província e do campo, até _____ Galizia, em busca de melhores condições de _____ . E para arranjar casa, trabalho no porto, enfim sobreviver no dia-a-dia, esta gente precisa de ter parentes no _____ , ter relações, frequentar as _____ e o fado. Criou-se assim um espírito forte _____ associativo, que ainda hoje caracteriza _____ . Por toda a parte há clubes recreativos – as sociedades – onde os homens _____ para comer, beber, jogar cartas, ouvir _____ e _____

desporto. Foi sobretudo nestas sociedades, que encontramos o fado _____. Afinal ele está vivo! Ouve-se também ainda numa ou _____ tasca. E quanto mais conversamos _____ descobrimos que «em Alfama toda a gente cantou, canta e quer continuar _____ o fado.»

Landeskundliche Hinweise
Anedotas: s. Unidade 9

Fado: Fado ist ein eigentümlicher Gesang, der meist in Moll und in trauriger, klagender Art, verbunden mit wiederholten Tonhöhenwechseln, vorgetragen wird. Die Texte stammen von populären Volksdichtern, werden zum Teil aber auch karikiert oder improvisiert; vorwiegend beinhalten sie melancholische, triste Themen, wie z. B. gescheiterte Liebe, drohender Tod, Schicksalsergebenheit und wehmütige Erinnerungen an Portugals glanzvolle Zeiten. Soziale Kritik fließt in die Lieder mit ein. Die *Fadistas* (Sänger oder Sängerinnen) werden dabei von sentimentalen Gitarrenlauten begleitet.
Bedauernswerterweise verkommt der *Fado* mehr und mehr zum Touristenschnickschnack.

Der Besuch eines Fadolokals ist nicht immer billig, zum Teil wird bis zu 10 DM Eintritt verlangt und ein Mindestverzehr zwischen 15 und 30 DM (pro Person) erwartet. Die Vorstellungen in den kleinen, verdunkelten Kellerräumen beginnen erst ab 22/23 Uhr, und falls man während einer solchen die Gaststätte betritt, sollte man nicht die andächtig lauschenden Einheimischen mit der Platzsuche ablenken, sondern eher respektvoll am Eingang bis zur nächsten Pause warten (nach: ZUR NIEDEN, K.: Portugal, Köln Hayit 1986). Der Portugiese zieht familiäre, intime Kneipen vor, die den authentischen Rahmen für *Fado*-Gesang bieten, auch wenn dieser gelegentlich nicht die Qualität der kommerziellen touristischen Lokale (wo auch Qualitätsunterschiede bestehen) erreicht. Hier kann es auch geschehen, daß die Zuhörer spontan beginnen, *Fado* zu singen.
Die bedeutendste *Fado*-Sängerin Portugals ist *Amália Rodrigues*.

Zusatzmaterialien
Nach *Actividade 6* können die folgenden Übungen als Hausaufgabe gegeben werden.
1. Complete os espaços com pronomes pessoais. Veja os desenhos.

Unidade 11

1.
a) Creio que tenho que _____ telefonar hoje.
b) Meu Deus, onde está o meu bilhete? Acho que _____ deixei em casa.
c) Este plano da cidade é péssimo, não sei porque _____ recomendam.
d) Não _____ convido para almoçar, convido _____ apenas para um chá.
e) Onde estão as minhas chaves? Deixei _____ de certeza no escritório (Büro).
f) Vou dizer à Vanda para não _____ telefonar amanhã.

2.
a) Já podia imaginar controle de bilhetes!
b) E eu, não _____ tenho.

3.
a) Os bilhetes na mão por favor. Tenho que _____ controlar.
b) Um momento, faz favor.

4.
b) Onde _____ pus que não encontro?
a) Procure _____ se não encontrar tem que _____ acompanhar.

5.
b) Ah! Ah! que engraçado, cá está o bilhete. Tinha _____ dentro das calças (Hosen) (tinha = ich hatte).
a) Então se tem, dê _____
6.
b) Felicito _____ pela sua paciência (felicitar = gratulieren).
a) É preciso ver para crer!

2.
Fátima e Guida são duas velhas amigas. Fátima emigrou para a Alemanha e casou com o Hans. Este ano ela foi passar férias com o marido e os filhos na sua aldeia, no Norte de Portugal. Uma vez por semana o Hans fica com as crianças e a Fátima sai para visitar as amigas e fazer coisas que ela gosta de fazer sozinha.
Hoje ela encontra-se no café com a Guida.
Tente fazer um diálogo entre estas duas mulheres (tentar = versuchen).
Tips für Konversationsthemen: a) Guida wundert sich, daß Fátima die Kinder bei ihrem Mann läßt. Sie sprechen über Arbeitsteilung in der Familie. b) Sie vergleichen ihre Tagesabläufe.

3.
Nach *Actividade 14* kann ein zusätzliches **Rollenspiel** in zwei Phasen eingesetzt werden:
1. Maria trifft auf der Straße ihre alte Freundin Carolina. Es ergibt sich folgende Situation: große Freude, beide überlegen, wie lange sie sich nicht mehr gesehen haben (15 Jahre). Sie informieren sich gegenseitig über das, was in der Zwischenzeit geschehen ist und was sie heute machen (*casou, tem filhos, o que faz?*) etc.).
2. *Sabes quem acabei de ver?*
Maria berichtet ihrem Ehemann über das aufregende Wiedersehen mit ihrer Freundin Carolina. Er erinnert sich kaum noch an sie, obwohl er sie kennt, so daß Maria ihm Einzelheiten über ihre Freundin ins Gedächtnis ruft:
Carolina – era muito bonita
– tinha um namorado muito mais velho.
– morava na nossa rua
– ia aos Domingos ao cinema…
Der Ehemann erinnert sich schließlich deutlich an Carolina. Nun berichtet Maria, was sie Neues über Carolinas Leben erfahren hat: *casou-se, tem filhos* etc.

LÖSUNGEN DER STRUKTURÜBUNGEN

Unidade 1

Actividade 5

Quem é o Sr. Weber?	Sou eu.
O senhor como se chama?	Mário Fontes,
Quem é esta?	Amália Rodrigues.
Como está, minha senhora?	Não estou bem.
O Sr. Silva está bem?	Não, está mal.
A menina é a Carla?	Não. Não sou. Eu sou a Sónia.
Desculpe… quem é esta menina?	É a Maria José.
Tu és o Paulo?	Sou sim.
Vai bem, Paulo?	Optimo, obrigado e a Fernanda?

Actividade 7
Siehe Lösungsvorschläge S. 23

Unidade 2

Actividade 2

E tu Carlos, donde és?	Sou do Porto.
E você, donde é?	Sou do Rio de Janeiro.
E o Sr. Silva, donde é?	Sou de Faro.
E a Sra. D. Clara, donde é?	Sou de Lisboa.
E a Heike, donde é?	Sou de Aveiro.
E você Ina, donde é?	Sou de Munique.

Unidade 3

Actividade 4

1. O que é que prefere(s) Holger? Um chá ou uma bica?
   Uma bica.
2. Senhor Silva, o que prefere, um conhaque ou um whisky?
   Um whisky, faz favor.
3. Mónica, o que é que prefere, uma laranjada ou uma coca-cola?
   Um copo de leite.
4. Você, o que é que prefere, um Porto ou um Cherry? Um Porto.
5. Vocês, o que preferem uma limonada ou um gelado?
   Um gelado.
6. Natália, o que é que prefere, ir a um restaurante ou a uma discoteca?
   Eu prefiro ir a um restaurante.

Unidade 4

Actividade 1
Ainda tem um quarto livre para hoje à noite?
Há muitos cafés em Lisboa?
Há uma piscina na casa?
Queríamos dois quartos com banho.

Há água quente no quarto?
Há um mini-bar no hotel?
Há uma sala de jantar na casa?

Actividade 8
A pensão do Sr. Silva é cara.
O quarto da menina é sossegado.
As salas dos restaurantes são grandes.
O café do Pedro é moderno.

O restaurante do Manuel é pequeno.
A casa da Ana é confortável.
As bebidas são frescas.

Actividade 9
2. Podemos tomar o pequeno almoço às sete?
3. Podemos falar com o director?
4. Posso mudar de quarto?

5. Podemos ficar ainda no hotel?
6. Pode chamar um taxi, faz favor?
7. Onde posso comer alguma coisa?

Actividade 12
☐ Estou! Luísa, daqui é o Mário!
■ Onde estás?
☐ Em Lisboa e no momento estou no café „Cister".
■ Como em Lisboa?! Estás de férias?
☐ Não, estou a fazer um filme para a televisão alemã.
■ Quanto tempo ficas aqui?
☐ Mais ou menos 5 semanas.
■ Estás contente com o trabalho?

☐ Olha, é muito interessante, mas trabalho 12 horas por dia.
■ Quando é que estás livre então?
☐ Só às 10 horas da noite.
■ Queres ir amanhã a uma discoteca?
☐ Desculpa, mas não gosto de discotecas. São muito barulhentas...
Prefiro ir a um pequeno restaurante num lugar íntimo e sossegado.

Unidade 5

Actividade 1
☐ Qual é o autocarro para a Basílica da Estrela?
■ É o 9, o 20 e o 22.

☐ Qual é o eléctrico para a Basílica da Estrela?
■ É o 25, o 26, o 28, o 29 e o 30 etc.

Actividade 6
1. O Teatro Nacional fica na Praça D. Pedro IV em frente da Gare do Rossio.
2. O correio fica na Av. da Liberdade atrás do Teatro.
3. O restaurante Restaurador fica na Rua dos Condes, a primeira rua à direita.
4. O café fica no meio da Av. da Liberdade.
5. O Hotel da Glória fica na Travessa da Glória, a terceira rua à esquerda.

Actividade 7
1. Desculpe, há um restaurante ou Snack Bar aqui perto?
2. Desculpe, há um café aqui perto?
3. Desculpe, há uma cabine telefónica aqui perto?
4. Desculpe, onde é o Castelo de São Jorge?
5. Desculpe, onde é a Sé?
6. Desculpe, onde é o café Nicola?

Actividade 9
A Clara mora na Av. João XXI, 19

Unidade 6

Actividade 5
Como é o queijo?	O queijo é bom.
Como são os bifes?	São tenros.
Como é o presunto?	É magro.
Como são os melões?	São doces.
Como são as fatias de fiambre?	São finas.
Como é a carne de porco?	É tenra.
Como é a alface?	É fresca.
Como são as laranjas?	São maduras.

Actividade 6
1. finas
2. fresca
3. tenra
4. prática
5. bom
6. boa
7. caro

Actividade 7
☐ Essa manteiga é com sal ou sem sal?
■ Esta é com sal.

☐ Esse pão é de hoje?
■ Este sim, é de hoje.

☐ Esse queijo é da serra?
■ Este é.

☐ Essa melancia está madura?
■ Esta está muito madura.

☐ Esse leite é fresco?
■ Este é muito fresco.

☐ Esse azeite é virgem?
■ Este é.

☐ Essas maçãs são doces?
■ Estas são muito doces.

Actividade 8
1. Pão
2. Porco
3. Queijo
4. Melões
5. Verduras
6. Manteiga
7. Batatas
8. Alho

PRESUNTO

Unidade 7

Actividade 7
☐ Este é o teu apartamento?
■ Sim. É o meu apartamento.

☐ Sra. D. Clara, este é o seu carro?
■ Não, não é o meu carro, é o carro deles. etc.

Actividade 8
Fui a Portugal com o meu filho.
Onde está a tua amiga?
Fui visitar o meu pai.
Ontem encontrei os teus pais.
Dê-me as minhas chaves, faz favor.

Olá João, como está a tua mulher?
Sr. Nunes, quando chega o seu passaporte?
É muito caro o nosso apartamento.
A que horas é que os teus filhos vão para a escola?

Actividade 9
Na portaria de um hotel
Isabel: o meu
Empregado: o seu
Isabel: a minha
Empregado: do seu

Conversa entre amigos
Rui: o teu
           a tua
José: Os teus
Rui: o meu… a minha…

Actividade 12
nasceu, estudou, foi, esteve, regressou, fez, foi, foi, morreu

Unidade 8

Actividade 2
1. Já sabes o que fazes para a festa?
2. Não sei onde ir hoje…!
3. Não vejo a Clara desde o ano passado.
4. Como vamos a Portugal sem carro?!
5. Nós precisamos de falar com vocês.
6. Quem vai buscar a Clara?

Podia fazer pastéis de bacalhau.
Podias ir ao festival de jazz.
Podia telefonar para ela.
Podíamos ir de comboio.
Vocês podiam vir a nossa casa.
Eles podiam ir ao aeroporto.

Actividade 6

☐ Carlos, também vais ao aniversário do Jorge?
■ Sim, porquê?
☐ Podes me fazer um favor?
  O Luís vai mais tarde. Podes me buscar aqui em casa?
■ Buscar-te? Sim, mas eu queria ainda comprar um disco na cidade.
  Então, vou-te buscar aí a casa. A que horas?
☐ Não, não é preciso. Nós encontramo-nos na „Melodia" às 6 e depois, vamos juntos.
■ Ah, óptimo. Isso também me interessa porque eu quero comprar um disco de Milton Nascimento.
☐ O. K. Vejo-te mais tarde.

Actividade 10
que, que, que, de que, que, quem, com quem, quem

Actividade 14
ontem, nunca, logo (depois), sempre, já, antes das, às vezes, cedo

Actividade 15

António
Olá Maria, vais para férias?
Quando parte o teu comboio?
Já estás à espera há muito tempo?
Ainda tens tempo de tomar um café?
Ainda trabalhas no Hospital Sta. Maria?
Como vai o teu VW?
Tu casaste? (estás casada?)
Quando conheceste o teu marido?
Já tens filhos?
Então adeus e muitas felicidades.

Maria
Sim, até 10 de Agosto.
Dentro de 15 minutos.
Há 20 minutos.
Obrigada. Tomei um há 5 minutos.
Já não trabalho lá desde 1984.
Está vendido (vendi-o).
Há muito tempo.
Há sete anos.
Ainda não.
Obrigada, igualmente. Adeusinho.

Unidade 9

Actividade 4
Você? O que gostava de fazer no seu aniversário?
Eu gostava de convidar gente.

E vocês? O que gostavam de fazer?
Nós gostávamos de beber champagne para o pequeno almoço.
etc.

Actividade 7
☐ De que linha parte o comboio directo para o Porto?
■ Da linha 3.
☐ E a que horas parte?
■ Às 15.25

☐ Em que linha chega o directo de Lisboa?
■ Na linha 1.
☐ E a que horas chega?
■ Às 20.15.

Unidade 10

Actividade 1
1. Em Portugal falam (fala-se)…
2. Na Alemanha bebem (bebe-se)…
3. Em Portugal bebem (bebe-se)…
4. Em Portugal jantam (janta-se)…
5. No Norte comem (come-se)…
6. Em Portugal gostam (gosta-se)…
7. Chamam (chama-se)…

Actividade 2
Sim, perguntei-lhe.
Disse-me que está sem dinheiro.
Sim, devo-lhe.
Sim, disse-lhe.
Sim, dei-lhe.
Sim, pedi-lhe.

Actividade 3
Perguntei-lhes.
Disseram-me que estão sem dinheiro.
Sim, devo-lhes.
Sim, disse-lhes.
Sim, dei-lhes.
Sim, pedi-lhes.

Actividade 7
A carne…
2. Pode ser cozida.
3. Pode ser frita.
4. Pode ser estufada.

O peixe…
1. Pode ser assado.
2. Pode ser cozido.
3. Pode ser frito.
4. Pode ser grelhado.

Actividade 9
O cabrito é assado no forno.
A vitela é assada no forno.
O arroz é cozido na panela (ou refogado).
As amêijoas são refogadas na panela ou na cataplana.
O bife é grelhado na grelha.
As sardinhas são assadas na brasa.

Actividade 11
1. O senhor pode nos levar à estação de Sta. Apolónia? ou:
Leve-me à estação de Sta. Apolónia, faz favor, etc.

Actividade 16
ao, lhe, à, a, aos, a, lhes, à, lhe

Actividade 17

Tu
Fecha a porta, faz favor!
Abre a janela, faz favor!
Toma um café comigo!
Faz-me um favor.
Acende a luz, faz favor.
Escuta a cassete.
Dá-me o livro, faz favor.

Você
Feche a porta, faz favor.
Abra a janela, faz favor.
Tome um café comigo!
Faça-me um favor!
Acenda a luz!
Escute a cassete!
Dê-me o livro, faz favor!

Unidade 11

Actividade 4
1. Como achaste o restaurante?   Achei-o caro.
2. Conheces o Rainer?   Sim. Conheci-o no ano passado.
3. Faz favor, faltam talheres.   Já os trago.
4. Eles partem amanhã.
   Quem os leva à estação?   Eu levo-os.
5. Onde está a ementa?   Já a trago.
6. Onde compraste as lulas?   Comprei-as no mercado.
7. Onde encontraste a Leonor?   Vi-a no concerto.

Actividade 5
1. Sim, conheço-a.
2. Sim, convidei-os.
3. Sim, reservou-o.
4. Sim, visitei-a.
5. Não, não os faço.
6. Não, não o vi.
7. Não, não o ajuda.
8. Não, não as entendo.
9. Escrevi-a em alemão.
10. Levei-as às 9 horas.
11. Aluguei-o em Agosto.
12. Achei-a melhor.
13. Comprei-os na praça.
14. Encontrei-as na rua.

Actividade 10
1. Quando se pode visitá-lo?
2. Eles não o vão achar.
3. Sr. Costa, eu posso levá-lo até lá.
4. Vocês querem prová-las?
5. Pode reservá-los até às 9?
6. Quando posso vê-la?
7. Já pode trazê-la.
8. A Sra. quer fazê-la connosco?
9. Vamos vê-los hoje?
10. Muito prazer em conhecê-la.
11. Onde posso pô-las?
12. Desculpe, não ouço nada, tenho que interrompê-la.

Actividade 11
Lösung siehe S. 63

da HISTÓRIAS da HISTÓRIA

A propósito do centenário de Fernando Pessoa

Personalidade renovadora das maiores e de mais vasta capacidade de criação em toda a história da literatura portuguesa, Fernando Pessoa – Fernando António Nogueira Pessoa, de nome completo – nasceu em Lisboa no ano de 1888.

Orfão de pai aos cinco anos, a mãe casou-se em segundas núpcias com o cônsul de Portugal em Durban, na Africa do Sul, onde o futuro poeta viveu até 1904, não chegando a concluir os estudos na Universidade do Cabo.

Neto paterno do general Joaquim António de Araújo Pessoa, combatente das campanhas liberais, e neto materno do conselheiro Luis António Nogueira, jurisconsulto, que foi director-geral do Ministério do Reino, seu pai, Joaquim de Seabra Pessoa, de ascendência judia, era um modesto funcionário público, embora homem de fina sensibilidade, sendo crítico musical do Diário de Notícias.

A mãe, Maria Madalena Pinheiro Nogueira, provinha de uma família açoreana e era inteligente e culta. Tendo enviuvado em Julho de 1893, casou em segundas núpcias, em fins de 1895, com o comandante João Miguel Rosa, cônsul em Durban, Africa do Sul, onde o casal fixou residência.

A orfandade aos quatro anos e meio, o aparecimento na sua vida de um padrasto e a deslocação para um país longínquo marcá-lo-iam na sua maneira de ser e na sua obra.

Faz os estudos primários em escola conventual, de freiras irlandesas, e secundários e superiores na Durban High School, interrompidos pela estada de um ano em Lisboa.

Em Dezembro de 1903, no exame de admissão à Universidade do Cabo, que não chegou a frequentar, conquistou o Prémio Rainha Vitória, destinado ao melhor ensaio de estilo inglês. Prestigiado pelo galardão, tanto mais significativo quanto a língua materna de Fernando Pessoa era o português, inseriu em Dezembro de 1904, na revista da Durban High School, um ensaio sobre Macaulay, onde já estão bem patentes alguns sinais indeléveis do seu espírito e do seu talento.

Pouco depois, em Agosto de 1905, regressava, definitivamente, a Lisboa.

Regressado a Portugal, frequentou durante algum tempo o Curso Superior de Letras, mas não tardou a iniciar a vida obscura de trabalho como correspondente em inglês de firmas comerciais. Como escreveu um dos seus biógrafos, «entre solidões e convivências, boémia e misantropismo, Fernando Pessoa adquiriu uma cultura vasta, mas tendencializada no sentido mistico e visionário».

POEMAS EM INGLÊS: AS SUAS PRIMEIRAS COMPOSIÇÕES LITERÁRIAS

As primeiras composições literárias que se lhe conhecem são poemas em inglês. Em 1912, porém, publicou uma série de artigos sobre o «saudosismo», tendo como principal expoente o poeta Teixeira de Pascoais, assumindo uma atitude de profetismo a que foi dando várias formas ao longo da sua obra.

Tendo tomado contacto, em 1915, com as correntes modernistas que surgiram em França, embora com mais relevo nas artes plásticas, fundou com Mário de Sá Carneiro, Almada Negreiros, Luis de Montalvor e outros a revista Orpheu, em insurreição espectacular contra a arte formalista, convencional e decadente. Da revista só sairam dois números, mas a sua veemência inovadora deixou marcas profundas, presentes também noutras publicações de igual modo efémeras, como Athena, Centauro e Contemporânea.

A sua obra, entretanto, fazia descobrir a personalidade do autor em vários heterónimos correspondentes a atitudes contrastantes em face da vida e da arte. Foi assim que ao criar diversos heterónimos, criou, igualmente, personagens definidas que constituem outros tantos modos de se debruçar sobre si e sobre o mundo: Ricardo Reis, Alberto Caeiro, Álvaro de Campos, Bernardo Soares, além do próprio Fernando Pessoa.

Em 1921, publicou os English Poems, mas só em 1934 surgiu o seu único livro em português publicado em vida: a colectânea de poemas Mensagem, um dos quais ilustra este artigo. À excepção de Mensagem, todos os volumes da sua obra são póstumos e estavam, praticamente, inéditos. Será curioso referir, a propósito que, «na Mensagem, define a essência de Portugal, exalta um heroísmo insatisfeito, anuncia para breve o quinto império do espirito; Portugal torna-se figuração do próprio vate, sedento de absoluto.» (cit. J. do Prado Coelho).

A GLÓRIA DEPOIS DA MORTE

Foi, aliás, depois da morte de Fernando Pessoa, em 1935, que a sua obra se começou a revelar em toda a sua grandeza, alcançando rapidamente uma espantosa projecção nacional e até internacional.

A partir de 1942, surgiram sucessivamente volumes de poesia apresentados sob os vários heterónimos que decidiu adoptar, em 1946, Páginas de Doutrina Estética, em 1966, páginas intimas e de Auto-Interpretação e Páginas de Estética e de Teoria e Crítica Literária; em 1968, Textos Filosóficos.

O espólio que foi legado pelo escritor está, porém, ainda longe de se esgotar, continuando em curso a publicação dos Inúmeros manuscritos que deixou.

Traduzido em diversas linguas, sempre discutido e discutivel, a critica estrangeira mais qualificada acentua que o nome de Fernando Pessoa merece ser incluido entre os dos grandes artistas mundiais do último século.

Ricardo Dorilèo, é um cantor e compositor brasileiro que está em Lisboa neste momento a trabalhar. É considerado um dos mais promissores talentos da música popular do seu país. Nasceu na zona Norte do Rio de Janeiro, berço do samba.

Riko já não é um novato nestas andanças da música, venceu diversos festivais dos quais se destacam os de Ouro Preto, Cambuquira e Pirassununga. Participou no Projecto Seis e Meia e fez vários shows, compôs também para a cantora Alcione uma música. «Ai Paixão», «no seu disco». «Fruto e Raiz». Em Portugal, Riko para além de cantar, fez em conjunto com a investigadora Marília Barbosa, também brasileira, um levantamento sobre escolas de samba portuguesas e a influência da música afro brasileira em Portugal.

É sobre estas actividades que falamos com Riko, bem como da sua estada em Portugal e de como ele a vê.

Riko, você não é conhecido em Portugal, conte-nos o seu percurso.

Artisticamente, comecei em 1978 compondo e interpretando músicas. Participei em vários projectos de divulgação da MPB de entre os quais, o Projecto Seis e Meia que de 2334 canções apuradas seleccionou dez, uma era minha. Depois fizemos um disco e a partir daí tenho vindo a dar alguns espectáculos, continuando sempre a compor.

– Como define a sua música?

– Integra-se no leque de toda a música popular brasileira, não excluindo o samba. Na verdade, há uma tendência no Brasil que é a de pôr o samba num espaço à parte de toda a outra música, mas ele está presente em tudo. Mesmo a de Chico Buarque tem muito de samba. Eu sofro bastantes influências. Quem não as sofre? Compositores como Cartola devido à subtileza e profundidade das suas músicas, marcam a minha maneira de ser e compôr, mas o que a minha música tem de particular é o de levar uma mensagem positiva a todas as pessoas. É difícil defini-la claramente porque não me fixo numa linha única e eu não gosto de me rotular.

Sei que esteve a fazer uma recolha de todas as escolas de samba portuguesas. A que conclusão chegou?

As escolas de samba portuguesas em nada são inferiores às brasileiras. Por exemplo, a escola de samba de Sacavém tem muito do que era a Mangueira nos seus primórdios. É uma sensação óptima porque essas escolas fazem coisas muito bonitas. Em Portugal o número é cada vez maior e era bom que se divulgasse esse facto. O ideal seria que no próximo Carnaval houvesse um desfile conjunto de todas as escolas, aliás, nós que estamos envolvidos neste levantamento, pensamos fazer chegar essa ideia à Câmara de Lisboa.

Como vê o fenómeno da importação da cultura brasileira para Portugal?

É um fenómeno fantástico, uma forma de voltar às origens, visto que foram os portugueses que levaram os negros para o Brasil e com eles a música africana, raiz do samba. O samba está no mundo inteiro, até há escolas no Japão. Penso que a televisão tem uma importância muito grande na introdução da nossa cultura aqui.

Como explica então que o fenómeno não se passe da mesma maneira, no sentido inverso?

No Brasil, este fenómeno das escolas portuguesas não é conhecido, mas alguma música portuguesa e especialmente o fado, são. A não absorção total da música portuguesa lá, exige um maior intercâmbio a nível governamental para fortalecer a ligação entre os dois países.

Qual a sua opinião acerca da vinda massiva de brasileiros para Portugal?

Penso que é uma coisa saudável e que também se passou, ao contrário há uns anos atrás. É um movimento constante que não vai deixar de acontecer nunca.

O que pensa da nova música brasileira?

Há música brasileira nova que é muito boa e que não é rock. Eu não tenho nada contra este tipo de música só acho que ela não é genuinamente brasileira. Pessoalmente, sou apologista da música de qualidade e de toda a música, desde que ela seja feita numa proporção digna.

Quais são os seus próximos projectos?

Vim a convite de um bar para cantar em Lisboa até 10 de Setembro, tenho também uma proposta para actuar em Barcelona e escrevi um samba para a escola de Sacavém. «O Grande Encontro», que fala de um grande desfile onde se encontram todas as escolas de samba portuguesas. Preparo a edição de um disco, com as músicas que já tenho feitas e, entretanto, fiz uma canção dedicada a Lisboa, «Rosa da Baixa». É uma toada de amor que visa amenizar os ânimos depois da catástrofe do Chiado. Traz uma visão mais positiva das coisas.

Literatur zu Portugal

SCHÜMANN, B./A.-P. MÜLLER: *Portugal.*
Ein politisches Reisebuch, VSA-Verlag,
Hamburg 1986

ZUR NIEDEN, K.: *Portugal.* Hayit, Köln 1986

FREUND, B.: *Portugal.* Klett, Stuttgart 1979

Conflict and change in Portugal 1974–1984.
Vorträge gehalten beim III International
Meeting on Modern Portugal. Durham,
New Hampshire 1984

OLIVEIRA MARTINS: *História de Portugal.*
o. O., o. J.

BLUME, H.: *Portugal braucht Zeit zum Kennenlernen.* Materialis Verlag, Frankfurt 1986

STRELOCKE, H.: *Von Algarve zum Minho – Portugal.* Du Mont Kunstreiseführer Köln³ 1984.

FIRMINO DA COSTA, A./M. DAS DORES GUERRERO: *O Trágico e o contraste. O fado no bairro de Alfama.* Lissabon 1984

Lieder der Portugiesen, zusammengestellt und übersetzt von K. Richter. Wiesbaden 1974

Literatur zum Thema "Spiele im Sprachunterricht"

V. AUGUSTIN UND K. HAASE: *Blasengeschichten – Historietas de Burbujas,* Hrsg. von der Pädagogischen Arbeitsstelle des Deutschen Volkshochschul-Verbandes, Frankfurt, 1980.
Dieser Sammlung sind die Blasengeschichten auf S. 61/62 und 64/65 des Lehrerheftes entnommen.

M. DREKE. W. LIND: *Wechselspiele,*
Langenscheidt Verlag, München 1986

HISPANORAMA: *Mitteilungen des deutschen Spanischlehrerverbands,* Nr. 52, Juni 1989.
Literaturliste zum Thema "Spiele im Spanischunterricht", zusammengestellt von
Barbara Rahmlow.

E. O. PLAUEN: *Vater und Sohn.* Bildgeschichten für den Konversations- und Aufsatzunterricht, Max Hueber Verlag, Ismaning, Band 1: Bestell-Nr. 1143; Band 2: Bestell-Nr. 1146.

BARBARA RAHMLOW UND MARIA HENKELMANN: *Protokoll der Mitarbeiter-Fortbildungsveranstaltung zum Thema "Spiele im VHS-Spanischunterricht"* (2./3. Dez. 1982 in Norden).
Diesem Protokoll ist das Spiel auf S. 15 des Lehrerhandbuches entnommen.

Veröffentlichungen des Landesverbandes der Volkshochschulen Niedersachsens, e.V.,
Spiele im VHS-Französisch-Unterricht, 1981;
Spiele im VHS-Spanisch-Unterricht, 1983;
Spiele im VHS-Italienisch-Unterricht, 1985.